– 한 조울병 환자의 자서전, 남편을 그리면서 –

언제나 새로웠어요

Kay Redfield Jamison 저

박 민 철 옮김

圖書出版 하나醫學社

NOTHING WAS THE SAME

by Kay Redfield Jamison

This Korean edition was published by HANA MEDICAL PUBLISHING CO. in 2011 by arrangement with Alfred A. Knopf, an imprint of The Knopf Doubleday Group, a division of Random House, Inc. through KCC(Korea Copyright Center Inc.), Seoul .

역자서문

한 조울병 환자의 감명 깊은 남편과의 삶에 관한 이야기이다. 일명 정동장애, 기분장애라고 불리는 조울병을 극복하고 살아온 환자이면서 죤스 홉킨스 대학병원 정신과 기분장애 클리닉의 소장으로 일했던 임상심리학 박사님의 고뇌와 정열이 담겨 있고, 호지킨병이라는 암을 앓다가 돌아가신 정신분열병 연구자이자 정신과 의사인 남편과의 삶을 함께 그리면서 보여준 자신의 열정적인 삶에 대한 자서전적 이야기이다.

조울병은 나을 수 있는 병이다. 그런데 많은 환자들이 조증이라는 황홀한 유혹을 잊지 못하고, 우울증이라는 절망과 좌절을 이기지 못해서, 약을 복용하지 않으면 환자가 아닐 것이라는 생각, 정신병이라는 낙인 때문에 자신이 환자라는 것을 받아들이지 못함으로서, 그래서 치료를 거부하고 약을 복용하지 않음으로서 회복할 수 있는 기회를 잃고 있는 분들을 위해 들려주고 싶은 한 회복한 환자의 꿈 같은 삶의 이야기이다. 물론 이런 병을 극복하면서 사는 삶이 쉽지는 않다. 그러나 저자 환자 케이는 보여주고 있다. 어떻게 극복하면서 자신의 삶을 살았는지 책을 통해 잘 이야기 해주고 있다.

역자는 조울병 환자와 가족, 돌보고 있는 의료인들을 위해서 저자의 책 조울병 나는 이렇게 극복했다(Unquiet Mind)를 1999년에 번역했다. 많은 환자와 가족, 의료진들이 도움을 받았다고 들었다. 지금도 그때와 똑 같은 마음이다. 우리 환자들도 용기를 가지고 자신의 병과 맞서서 이길 수 있길 바란다. 물론 환자 자신과, 도와주는 가족, 돌보는 의료진이 함께 그 삶을 살아가야 한다. 다행히 케이는 가족, 친구들의 도움으로 여러 가지 위기를 넘겼다. 그 분들에 대한 고마움으로 그녀는 주변 사람들과의 많은 관심과 사랑을 또한 강조하고 있다. 병을 앓고 있는 환자를 이해하고 돕는다는 것은 생각 만큼 쉬운 일은 아니다. 역자는 치료에 있어서 환자, 가족, 의사가 함께 하는 것을 늘 강조하고 있다. 이 병은 환자, 가족, 의사의 마음이 모아지면 얼마든지 극복할 수 있고 멋있는 인생을 살아갈 수 있는 병이다. 그래서 우리 환자들 자신도 일하면서, 이웃과 함께 사랑할 수 있음을 보여주시길 바라면서 케이의 책을 다시 소개하게 되었다.

이전 책이 환자의 파란만장하면서 힘들고 아름다운 삶을 그리고 있다면 이번 책은 어려서부터 읽기장애를 가지고 있고 호지킨병이라는 암을 앓고 있는 남편과의 삶, 어떻게 서로가 돕고 극복할 수 있도록 힘이 되었는지, 또한 남편을 잃은 슬픔을 어떻게 극복했는지를 잘 보여주고 있다. 케이의 책은 재미있다. 한 번 읽으면 계속 읽고 싶고 다음이 어떻게 전개되는지 궁금해서 계속 읽고 싶어지는 책이다. 이 책도 마찬가지였다.

저자는 자신의 병을 알리고 자신의 투병과정을 통해, 회복할 수 있는 병이라는 사실을, 병을 가지고도 아름답게 살아갈 수 있다는 사실을 독자들에게 전달하고 싶은 것이다. 그래서 미국 메스컴을 통해 너무나 많이 알려진 환자 학자이다. 17세때 발병하여 대학,

대학원, 임상심리 훈련과정 마치고 대학교수이면서 기분장애 클리닉 소장을 역임할 때가지 수많은 우여곡절이 있었다. 치료를 거부하고 병에 시달릴 때도 있었고, 그래서 너무 마음이 들떠 이룰 수 없는 많은 계획을 세우고 돈을 낭비하고 날을 새가며 흥분할 때도, 절망과 절규 속에서 자살기도를 할 때도 있었다. 교육, 연구와 연인과의 사랑에 빠져있을 때도 있었고 사랑스런 남편을 만나고 그야말로 재미있게 살다가 사별하고 또 세월이 흘러 새로운 남편을 만나고 아픈 남편을 미리 보내야 하는 사별했던 가슴아픈 삶이 있는 환자이다.

조울병을 어떻게 하면 극복할 수 있다는 사실을 많은 환자들에게 전하고 용기를 드릴 수 있을까, 좋은 자료가 없을까, 생각하던 중 하나의학사 오무근 사장님으로부터 이 책의 초역원고를 받고 아주 기쁜 마음으로 다시 정리했다. 저자는 내 생각을 잘 대변하고 있었고, 자신의 인생을 여러 어려움 속에서도 그야말로 멋있게 요리하고 있었다. 정말 좋은 책이라고 권하고 싶어서 몇 번을 다시 읽으면서 정리했다. 그리고 책의 내용에는 저자가 경험한 많은 사람들, 많은 문학 작품들, 역사적 사건 등이 많이 등장한다. 독자들의 이해를 돕기 위해 작은 글씨로 간단한 설명을 첨부했다. 또한 조울병의 이해를 돕기 위해 미국정신의학회에서 사용하고 있는 조울병 진단기준을 부록으로 첨부했다.

항상 번역을 하다 보면 우리 말로 더 적절한 표현이 없을까 하고 고심한다. 실제 글을 쓰는 것보다 시간이 더 소요되는 것 같다. 오류가 있다면 지적해 주면 좋겠다. 마음 깊이 감사드릴 것이다. 끝으로 이 책이 나올 때까지 격려를 아끼지 않으신 친구인 하나의학사 오무근 사장님께 감사드리고, 아무쪼록 이 병과 함께 하고 있는 환자, 가족, 의료인들에게 이 책이 도움이 되길 바란다.

2011. 8 동산동 교수연구실에서

1985년 9월 29일 일요일

사랑하는 리처드,

방금 산책을 마치고 돌아왔어. 한 시간 반 동안 내내 당신이랑 우리 생각만 했어. 이렇게 아름다운 계절에 사과를 따고 있을 당신을 생각했어. 나도 당신이랑 함께 있었으면 좋았을걸.

교회는 온통 바흐 음악으로 가득했어. 정말 아름다웠지. 곧이어 이어졌던 장엄한 성찬과 즐거운 시간도 좋았고. 종교가 나에게 이렇게 큰 의미를 주는 이유는 말씀이나 기쁨, 할렐루야, 영광의 찬가 때문이 아니라 그것이 슬픔과 좌절이 함께 얽혀져 있기 때문이야. 10월 3일 목요일은 내가 자살시도로 죽을 뻔했던 날이야. 왜 그날을 기념일처럼 계속 기억하고 또 그날이 이토록 중요한지 모르겠지만, 내게는 그날이 자살기도와 실패, 생존과 함께 묶여 있기 때문일꺼야. 와인 한 잔을 들고 자신에게 '삶을 위하여' 라고 건배를 하고 있어. 올해 깊은 사랑의 또 다른 면을 알게 됐어. 그 점에서 당신에게 가장 깊이 감사하며 내 사랑을 보내. 불쾌한 기억의 계절이라고 말을 하는 지금에도 내내 누군가 나를 꽉 붙잡아 주었으면 하기도 해. 당신을 알게 된 후 그날이 예전처럼 그토록 나쁘고 외롭지 않아. 사랑해.

케이

1985년 11월 26일 화요일

Dr. Kay R. Jamison
34 Bequfort Gardens
London S.W. 3
England

사랑하는 케이에게,

오늘 아침에는 화면에 당신이 없더군. 당신의 지나치게 활동적인 모습을 생각하면 아직도 웃음이 나와. 화면에서처럼 그렇게 과도한 활동은 아주 파괴적이 될거야. 점잖게 가만히 있을 수 있다면 거기 앉아있을 수 있지만, 당신은 그러지 못하잖아. 물론 그런 자발적인 면모와 명랑함이 진지함과 더불어 당신의 매력이긴 하지만... 당신은 삶을 끊임없이 찬양하고, 마음속의 사전에는 패배나 철수 같은 건 없는 것 같아. 나는 병과 성격이 서로 어떻게 작용하는지 자주 생각하지만 완벽한 해답이 전혀 떠오르지가 않아. 내가 병을 사랑하고 있는 게 아니라는 걸 알지만, 당신은 아주 특별해. "나는 보통 때보다 더 빨리 달려왔고 빨리 생각했고 빨리 사랑했어..."

나는 운이 좋은 사람이야. 만약 당신이 그렇게 '빠른' 사람이라고 알았더라면 아마 겁을 먹고 지금처럼 당신에게 빠지지 않았을 거야. 그래서 당신에 대해 더 많이 알아갈수록 벨 에어에서 보여준 아주 차분했던 첫인상을 계속 간직할 수 있어. 그 열정이 머지않아 나를 망칠지 모르겠지만, 너무나 매력적이야. 하지만 무엇보다 중요한 것은 이해하고 받아들일 수 있는 능력이지. 그것이 바로 당신을 사랑하게 하는 힘이지. 서로를 완전히 받아들였기 때문에 우리가 하나가 되었지.

당신의 사랑, R

나의 어머니 메리 델 템플 재미슨을 기리며

그리고

줄리안, 엘리엇, 레슬리 재미슨,
다니엘 아워백,
토마스 트레일,
눈송이 클럽을 위하여

리처드 와이어트(RICHARD WYATT) M.D. 1939~2002

당신이 내게 준 사랑은 신선하지도 젊지도 않았어요.
태양을 녹이거나 도시를 불태울 정도로 뜨겁지도 않았어요.
하지만 당신의 사랑은 따뜻하고 현명했어요.
거리의 바에서 익명으로 희망과 슬픔이 만나는 것 같았죠.
어느 날 술 마시고
다음날 보니 당신이 있었어요.
그리고 그 이후 모든 것이 달라졌어요.

– 스튜어트 맥리거

목 차

프롤로그

어렸을 때 나는 두려움이 없었고 사랑도 편안하게 받아들였다. 그런 자세로 무엇이든 할 수 있을 줄 알았다. 하지만 병을 앓고 난 뒤로는 달라졌다. 처음 그 증상이 있고 나서는 사람을 잘 믿지 못하고 의심이 많아졌다. 또한, 새로운 현실과 다투지도 않았다. 나약한 머리로 살아가는 법을 배워야 했기에 마음을 동요시키는 일을 최대한 피했다. 물론 사랑도 피했다.

나는 정신과 마음의 줄을 꽉 붙들고 있었다. 정신과 마음을 놓칠까 봐 스스로 염려하고 있다는 사실을 충분히 인식했다. 조증이 지나가기 전에는 늘 먼 곳에 가보고 싶었다. 하지만 아픈 뒤로는 삶에서 멀어지고 꿈도 희미해졌다. 생각하고 세상과 협상하는 법을 다시 배워야 했다. 그저 세상의 잣대에 맞춰 살아가기에는 충분했다.

나는 내 삶에 만족했다. 학문과 병원 일에서 소명을 찾았다. 글을 쓰고 학생들을 가르치고 환자를 진료하면서 한편으로 앓고 있는 조울병과 싸워야 했다. 나를 괴롭히는 병을 이해하기 위해서 열심히 일했다. 그렇게 자리를 잡고 안정을 찾았다. 아주 서서히 그리고 불안정하게 내 삶을 예측할 수 있게 되었다. 그러면서 잃어버렸던 평화도 찾아왔다. 너무나 감사했다. 나는 열정이나 감각을 어지럽히는 그런 감정이 없을 때에만 평화가 유지된다고 생각했다. 다르게 생각할 수가 없었다. 그래서 애써 사랑을 피했다.

한동안 그렇게 지냈다. 그러다가 한 남자를 만났다. 그 사람은 조심스럽게 삶을 살아가고 있는 나의 태도를 뒤흔들어 놓았다. 오랫동안 정신을 통제하려면 먼저 마음을 다스려야 한다고 믿었다. 그러나 그 사람의 생각은 달랐다. 그 사람은 두려움에 굴복하기 전의 내 모습을 상상하며 그런 나를 사랑했다. 호의로 반감을 누그러뜨렸고 웃음으로 나의 경계심을 무너뜨렸다. 그는 그런 위트와 부드러운 태도가 나를 이기리란 것을 그는 본능적으로 알고 있었던 것 같다. 정말 그랬다. 그는 변덕스러운 내 모습에 능숙하게 대처했고 우리의 열정을 남용하지 않았다. 그는 겁 없는 내 모습을 좋아했고 또한 그러한 내 모습을 되찾아주었다. 그가 준 선물이었다. 그는 나의 강렬한 불안을 찾아내는 대신 그 불안에 끌렸다. 내가 더 많은 위험을 감수하고 내 가슴에 간직한 것을 글로 쓰도록 격려했다. 그는 내 안에 있는 것, 내가 잊고 있었던 나를 사랑해주었다.

우리는 약 20년을 함께 했다. 그는 남편이자 동료이자 친구였다. 병으로 세상을 떠나리라는 사실을 알았을 때에는 그렇게 살아왔던 것처럼, 내게 의연하게 죽는 법을 보여주는 스승이었다. 그렇지만 그를 잃은 슬픔에 익숙해지는 법은 그나, 어떤 누구도 가르쳐주지 못했다.

흔히 슬픔은 일종의 광기라고도 하지만 나는 그렇게 생각하지 않는다. 슬픔이라는 감정은 그 감정을 일으키는 그만큼의 감정이지만 광기는 그렇지 않다. 슬픔은 지극히 자연스럽고 인간적인 감정이다. 슬픔에는 길이 있다. 비록 곧고 매끈한 길은 아닐지라도 슬픔에 빠진 사람이 찾을 수 있는 길이 있다. 처음에는 빠져나갈 길이 없어 보이지만 슬픔도 결국은 일시적인 감정이다. 나는 광기에 대해서는 아주 잘 알고 있지만 슬픔에 대해서는 잘 몰랐다. 어떤 것이 슬픔이고 어떤 것이 광기인지의 구분은 늘 확실하지 않았다. 슬픔은 그 고유의 영역이 있다.

제1부

사랑에서 얻은 확신

친절한 그대
위안을 주네요.
그리고 내 마음은 역시
위안을 찾고 있네요.

– 톰 건

그와 함께 한 기쁨

죽음 앞에서는 냉철한 결정을 할 수밖에 없다. 5년 전 남편이 죽기 전 날 그이가 누워 있는 중환자실에 있었는데, 두려움으로 혼미한 상태였다. 의사가 내게 물었다. "와이어트 부인, 이제 부군께서 지시해두신 일을 말씀 드려야 할 것 같습니다." 그 순간, 나도 모르게 남편에게 손을 뻗었다. 남편 덕분에 그동안 너무나 많은 고통을 견딜 수 있었다. 그의 손에서는 온기가 느껴졌고 나는 잠시나마 위안을 받을 수 있었다. 그러나 그 위안은 잠깐의 환상에 지나지 않았다. 죽어가는 사람이 주는 위안이 다 그렇듯이. 이제 무엇을 해야 하는지 의사와 상의하기 시작했다.

남편은 매우 현실적인 사람이었다. 그는 자신의 최후를 스스로 결정하길 원했고 몇 년 전부터 그 준비를 차근차근 해왔다. 그 덕분에 지금 내 고통과 불확실함이 약간은 덜 한지도 모르겠다. 남편은 자기 생명을 연명해주고 있는 장치를 제거하는 일에 대해 꼼꼼하게 계획했다. 그 지침은 주치의가 의대생과 레지던트들에게 모범사례라고 말할 정도로 완벽했다. 주치의는 그들에게 남편을 두고 "와이어트 박사는 과학자이자 의사였습니다."라고 소개했는데, 남편이 남긴 정확하고 꼼꼼한 지침을 보면 그 사실을 분명하게 드러났다.

나는 속으로 생각했다. '리처드는 또한 교수였으니까, 죽어서도 변함없이 가르침을 주고 있다는 사실에 기뻐할 거야.' 그가 이 말을 들으면 웃으며 말할 것이다. "아무리 그래도 죽는 것보다는 사는 게 낫지. 죽음이라는 가르침은 다른 사람의 몫으로 남겨두지 뭐." 그의 손에서 느껴지는 온기는 환상일지 몰라도 그의 유머는 생생하게 살아있었다. 그와 함께 했던 기쁨에서 잠시나마 위안을 얻었다.

나는 리처드의 생을 끝내도 좋다는 동의서에 사인을 했다. 그 결정을 하기까지 너무나 힘들었지만 한편으로는 이상하다고 할 만큼 간단했다. 그의 상태와 그가 준비해둔 상세한 지침을 보고는 고통스러웠지만, 사인을 하지 않을 수 없었다. 그것이 내가 마지막으로 해야 할 일이었다. 그런데 그보다 더 고통스러운 결정은 우리의 마지막 밤을 어디서 보내느냐를 결정하는 일이었다. 생각할 것도 없이 당연히 그와 끝까지 함께 해야 했다. 인간으로서 본능, 사랑과 우정, 그 모든 것이 그렇게 해야 한다고 말했다. 그가 의식이 없고 두 번 다시 깨어날 수 없다는 사실은 중요하지 않았다. 인간은 태고적부터 서로 안고 위로하고 함께 하기를 갈망해오지 않았던가. 나는 리처드에게서 세계와 불안에 대처하는 방식을 배워왔다. 이전의 나였다면 당연히 그의 곁에서 밤을 새웠을 것이다. 잠을 자고 싶지도, 잠을 이루지도 못할 것이다. 어떻게 다른 것을 상상할 수 있겠는가. 우리에게 남은 마지막 밤을 떨어져 보낸다는 것은 상상도 할 수 없었으리라.

하지만 이내 리처드라면 그 밤을 어떻게 생각했을까? 다른 사람이나 예전의 나라면 생각하지 못했을 리처드식 생각대로라면? 그것이 그가 남긴 선물이었다. 나는 리처드 식 생각으로 잠과 현실적인 것에 대해 생각했다. 그는 틈만 나면 나에게 이렇게 말했다. "당신 제발 잠 좀 자. 항상 너무 늦게 자잖아. 너무 무리하고 있단 말이야. 그러다 조증이 재발하겠어. 뭐 좀 먹고, 잠 좀 자."

약, 사랑, 잠. 이 세 가지로 리처드는 내 마음을 안정시켜줬었다. 이제 곧 그의 사랑, 적어도 육체적이고 바로 곁에서 쉽게 느낄 수 있는 사랑은 사라질 것이다. 이제 나는 스스로 몸을 챙기고 리처드가 마지막까지 보여주었던 합리적 태도를 몸소 실천해야 한다. 그것이 내게 남겨진 일이다.

만약 그의 곁에서 밤을 새우면 며칠을 힘들게 지내야 할 것이고 잠이 부족해서 정신을 잃고 말 것이다. 그런 유약함을 떨쳐내려 애써도 소용없을 것이다. 너무나 많이 겪어봤기에 잘 안다. 결국, 조증이 재발하고 말 것이다. 절망에 빠져 정신을 잃을 게 뻔하다. 리처드가 죽고 나는 병이 난다. 그래도 장례식을 치르고 차가운 땅속에 리처드를 묻어야 한다. 그런 채로 나는 살아가야 한다. 리처드, 나의 건강과 오랜 평화, 모든 것이 사라질 것이다. 암담한 미래를 버텨내기 위해서 나는 내게 미래를 열어줬던 리처드를 이 순간 외면해야 했다. 그것은 내가 생각하기에 편리한 배신이었다. 리처드라면 자기 보호를 위한 합리적인 행동이라고 했겠지만...

나는 리처드의 이마에 키스하고 병실을 나왔다. 병실에 빼곡한 모니터들은 깜박깜박 그의 죽음을 알리고 있었다. 그 병실에 리처드를 홀로 남겨 두고는 간호사에게 연락처를 남겼다. 우리는 부부로서의 마지막 밤을 그렇게 떨어져서 보냈다. 20년을 함께 한 부부로서 상상할 수 없는 먼 거리를 두고 각자의 차가운 침대에서 보냈다. 내일이면 리처드는 세상을 떠난다. 그의 영리한 머리와 포근한 마음도 그와 함께 사라질 것이다.

리처드는 뼛속까지 의사이자 과학자였다. 그의 인생에서 그것 보다 중요한 것은 없었다. 그는 어릴 때부터 죽을 때까지 과학을 정말 사랑했다. 자연과 인간의 두뇌에서 일어나는 의문을 붙들고 씨름하는 가운데 희열을 느꼈다. 그 부분에서 그만큼 희열을 느끼는 사람이 또 있을까? 그의 그런 면이 좋았다. 과학에 잘 맞는 그런 정신과 뛰어난 위트와 삶을 살아가는 다양한 방식에 대한 엄청난 참을성, 이런 면들 때문에 그와 함께 지내는 것이 무척 즐거웠다. 아니 항상 즐거운 건 아니었다 해도 결코 지루하진 않았다. 내 기억에 우리가 함께한 시간 동안 지루한 적은 단 한 번도 없었다. 몇 번 헤어질 뻔한 적은 있었지만, 결코, 지루하지는 않았다.

초반에 리처드는 사랑이 낯설다고 했다. 그는 사랑이 우리 정체성의 중요한 부분이며 상처와 기쁨의 원천이라고 했다. 처음에는 그 말을 믿기가 어려웠다. 우리가 만났을 때 그는 45세였고 나는 38세였다. 우리는 인생이나 연애에 대해 경험할 만큼 한 나이였다. 그는 조용했지만, 충분히 매력적인 사람이었다. 눈동자는 편안했고 자신감이 있었다. 묵묵하고 지적인 모습이 무척 매력적이었다. 그는 다른 사람의 말을 흥미진진하게 들어주며, 나서기보다는 기다려 주는 사람이었다. 그는 매력적인 남자였지만 정작, 자신은 그 매력을 전혀 알지 못했다.

자연계에 대한 호기심, 동료들의 애정생활과 관습에 대한 관심, 뇌의 이상 증상에 매료되는 점 등……, 공통점이 많았던 우리는 금방 친해졌다. 그리고 우리는 서로에게 웃음을 주었다. 우리는 항상 재미있는 일이 생길 것이라는 믿음으로 살아가는 낙천주의자였다. 우리는 무슨 일을 하든지 그 일에서 기쁨을 찾았다.

또한, 서로를 인식하게 되었을 때 우리 삶에 제2의 기회가 주어졌다고 느꼈다. 그 사람은 10년 전 호지킨병(몸에서 면역기능을 담당하고 있는 림프계에 발생한 악성종양)을 이겨내고 살아났다. 그리고 나는 조증과 심각한 우울증, 치명적인 자살의 가능성을 안고 살아왔다. 우리는 과학과 훌륭한 의사 덕분에 살아날 수 있었기에 마치 그들에게 빚을 진 것 같았다. 우리는 인생이 영원하다거나 쉽다고 생각하지 않았다. 우리는 이 자리에 오기까지 정말 열심히 일했고 또한 우리에게 행운과 환경도 따라주었다.

리처드는 심각한 난독증이 있었다. 힘겹게 그 장애를 극복해야 한다는 것을 일찍부터 알고 있었다. 2학년 때 처음으로 난독증이 찾아왔다. 그의 반은 읽기 그룹을 '독수리', '매', '올빼미', '울새' 그룹으로 나누었다. 울새 그룹의 아이들은 책을 똑바로 놓는 것도 힘들어할 정도로 심각한 상태였다. 그는 단연, 울새 그룹에 속했고 그중에서도 제일 바닥이었다. 겨우 글을 읽던 그는 기억력도 형편 없었다. 철자도 엉망이었고 글씨는 더욱 심각했다. 본인 말대로 그의 미세 운동 능력은 바닥이었던 것이다.

리처드는 장애로 인한 어려움을 자기 방식대로 극복했다. 그는 늘 철학적이면서도 열심히 노력하는 사람이었다. 평생 모든 문제에 그런 태도로 접근했다. 그의 양아버지는 시카고에서 변호사로 일하고 있었다. 그런데 그는 천문학에 열정이 있는 사람이었다. 그래서 리처드에게 과학을 배우고 우수한 과학박물관을 찾아가도록 격려해 줄 수 있었다. 리처드에게 박물관은 제2의 집이 되었다. 말보다는 생각과 이미지에 더 편안함을 느끼는 리처드에게 박물관이 아주 잘 맞았던 것이다. 리처드와 그의 양아버지는 리처드가 읽기장애가 있다고 해서 지능이 떨어지는 것은 아니라고 생각했다. 리처드는 지역 도서관에서 서서히 과학 책에 빠져들었다.

대학, 의대, 인턴, 레지던트 시절과 과학자로서의 일을 하는 동안에도 리처드는 매일 4~5시간씩 남들보다 더 일해야 했다. 그는 이런 점을 삶의 현실로 받아들이고 그럼에도 그가 자신의 꿈을 향해 갈 수 있다는 사실에 감사했다. 그가 과학 관련 글을 읽거나 쓰는 데 엄청난 시간을 쏟아야 했는데 결코 불평하는 것을 한 번도 들어본 적이 없다. 또한, 자신의 연구소에서 배운 젊은 과학자들이 쓴 수많은 원고도 빠짐없이 검토해 주는 것을 소홀히 하지 않았다. 리처드는 자신이 좋은 정신을 물려받고 훌륭한 교육을 받을 수 있어서 정말 행운이라고 생각했다. 철자를 틀리거나 글을 잘못 읽는 경우가 많았지만 대체로 자신의 실수를 웃어넘겼다. 일에서 성공하자 자신과 비슷한 어려움을 겪고 있는 젊은이들을 격려하는 데에도 많은 시간을 쏟았다.

그의 지성과 이러한 노력은 보상을 받았다. 리처드는 존스 홉킨스에서 의학 학위를 받고 하버드에서 정신과 레지던트를 거쳐 국립 정신 건강 연구소의 신경정신과 과장이 되었다. 그러면서 단독 집필과 공동 집필을 포함하여 과학 관련 논문 800편과 책 6권을 썼다. 그는 이런 질문을 자주 받았다. "실제로 난독증이 얼마나 심각한가요? 그런데도 어떻게 그렇게 많은 글을 쓸 수 있지요?" 그러면 그는 웃으며 이렇게 대답했다. "장난이 아니에요. 저는 매우 심각한 상태랍니다." 실제로 그는 난독증이 아주 심했다. 그는 논문을 쓸 때마다 문장 하나하나를 힘겹게 썼고 의학과 과학 기사를 읽고 또 읽어야 했다. 또 처방전에 혹시 복용량을 잘못 썼을까 봐 매번 환자들에게 읽어달라고 하여 확인해야 했다. 생각과 열정을 제외하고는 그에게 쉽게 주어진 것이 아무 것도 없었다.

리처드에게 인생이란 그야말로 발견해야 할 세계와 풀어야 할 문제들로 이루어진 모험이었다. 문제가 까다로울수록 더 파고들고 문제에 대한 새로운 관점이 떠오를 때까지 끝까지 물고 늘어졌다. 나는 침착하지 못하고 쉽게 포기하고 좌절하는 반면, 그는 반복된 훈련과 노력으로 이겨냈다. 그의 두뇌는 끊임없이 움직였으며 자기 주변의 모든 것을 놓치지 않고 관찰했다. 이런 호기심과 끈기가 의학과 과학 분야에서 빛을 발했다. 정신분열병과 기타 뇌 질환에 대한 이해와 치료에 중요한 기여를 했다. 또한, 심각한 정신분열병 환자를 보는 의사로서 소임을 다했다. 환자를 한두 번만 보면서 주로 고문 역할을 했지만, 환자 돌보는 일을 사랑했고 정밀 진단과 치료에 대한 조언에 노력을 아끼지 않았다. 그가 환자들에게 보이는 인내와 친절함,그리고 환자들이 이해하지 못한 것을 물어보거나 그들이 느낄 수 있는 두려움을 함께 나누도록 격려하는 모습을 보면 무척 놀라웠다.

뛰어난 전문 업적을 세운 성인 난독증 환자에게 주는 마가렛 버드 로손 상을 최초로 수상했을 때 리처드는 자신의 학습장애가 불행처럼 보이지만 사실은 축복으로 생각한다고 강조했다. "저는 어린 나이에 실패하고 일어서는 법을 배웠습니다. 이 점이 엄청나게 큰 도움이 되었습니다. 제가 유능한 동료들과 다르다는 것을 압니다. 그들은 직선적인 사고를 할 수 있습니다. 하지만 저는 나선형으로 사고하는 법을 배웠습니다. 한 가지 주제를 오랫동안 여러 방향에서 반복적으로 봐야 했지요. 한 가지 주제를 반복해서 배워야 했기에 다른 사람이 놓칠 수 있는 연상을 반복할 기회가 더 많았습니다. 저에게 있어서 무엇보다 중요한 것은 배운다는 것이 긴 시간을 요하는 투자이며 삶의 철학이 필요한 일이라는 것입니다." 승리를 향한 리처드의 여정은 보통 사람보다는 몇 배나 길었다. 그는 얼마나 오래 걸릴지 모르는 경주를 하고 있었다. 리처드는 일단 시간과 노력을 투자할 가치가 있다고 판단한 문제는 절대 포기하지 않았다. 내가 그에게 바로 그런 문제가 된 것은 커다란 행운이었다.

리처드에게는 호기심과 침착함이 있었기에 나를 사랑할 수 있었던 것이다. 그렇지 않았으면 나를 사랑하는 것이 무척 힘든 일이었을 것이다. 그는 처음부터 그가 사랑했던 내 안의 혼란스러운 본성들을 최대한 지킬려고 노력했고 시종일관 초연한 태도를 유지했다.

상황이 어려워져도 그는 우리의 관계를 잘 유지해나갔다. 사람의 긍정적인 면을 보는 그의 천성도 아주 중요한 역할을 했다. 내가 런던에 있을 때, 함께 첫 크리스마스를 보낸 후 그는 우리 관계의 어려움에 대해 편지를 했다. 참 아름다운 글이었다. "내가 잊지 못할 크리스마스 선물이 두 가지 있어. 하나는 1946년쯤 받았던 전기 기차이고, 하나는 케이를 만나러 런던에 갔던 여행이야. 케이와 전기 기차를 비교할 수 있을까? 그래. 기차가 선로에서 떨어지지 않게 하면서 얼마나 빨리 가게할 수 있었을까? 기차가 떨어지면 다시 선로에 올려놓고 다시금 비탈길을 올라갔어. 그래서 나는 지금 당신과 함께 있는 것이야." 비탈길을 오르기 위해서는 인내심과 기술이 필요했다. 리처드는 그런 것에 특히 능했다.

우리의 결정적인 차이점은 바로 기질이었다. 리처드는 사람을 연구하는 일에 열정이 있었고 나는 집중력이 강했지만 불안정했다. 초기에 나의 조울병 때문에 엄청난 오해와 불화가 생겨났다. 그의 뛰어난 수완과 지성, 그리고 조울병과 나를 다루는 능숙한 태도가 없었다면 우리 관계는 유지되지 못했을 것이다. 이 병은 아주 좋은 관계에서도 때로는 관계를 파괴하고 사람을 지치게 한다. 처음에 그 점 때문에 우리는 힘들었다.

감정은 전염성이 있어서 좋지 않은 기분은 다른 사람에게 전달된다. 숙련된 의사라 해도 조증이나 우울증 환자에게 영향을 받지 않는 경우는 드물다. 전문적인 훈련을 받지 않아 스스로를 보호할 수 없는 사람이나 개인적으로 그 환자들과 관계가 있는 사람이 평정을 유지하기란 거의 불가능하다. 감정은 아주 교묘하고 설득력이 있다. 좌절이 절망을 낳고 의심과 분노가 편집증을 불러일으킨다. 그럴 때에는 신경을 끄는 것이 상책이지만 그런 상태에 도달하고 유지하기란 정말 힘든 일이다. 인간이라면 자극에 영향 받지 않고 평정을 유지하기란 거의 불가능하다.

리처드와 만나고 처음 몇 년간 내 기분은 기복이 심했다. 처음 치료를 받을 때와 같은 극도의 조증이나 우울증 상태는 아니었지만, 때때로 가벼운 조증에 휘둘려 기분이 떠 있다가 또 한순간 위험하고 아주 민감한 우울 상태로 떨어지곤 했다. 그런 단순한 감정 자체가 위험한 것이었다. 그레이엄 그린(1904~1991, 영국 소설가)의 관찰에 따르면 지중해의 폭풍은 몇 시간 안에 그치지만, 폭풍이 부는 동안에는 배에 탄 사람을 다 물에 빠뜨려 죽일 만큼 그 기세는 사납다. 사람의 기분도 그 폭풍만큼 사나운 것이다. 나의 변덕스러운 기분을 나는 참을 수 있었지만 다른 사람이 그럴 수 있을지 혹은 그래야 하는지는 의문이었다.

리처드는 사랑뿐만 아니라 사랑과 함께 찾아온 나의 조울병이라는 병을 날마다 조금씩 더 겪는 것도 낯설어했다. 그는 그런 상황에서 대단한 강인함을 보여주었다. 리처드는 조울병에 대해서 임상적으로나 과학적으로 잘 알고 있었다. 그렇기에 병적인 증상을 성격 탓으로 돌리지 않았다. 리처드는 천성적으로 호기심이 많았고 주의 깊은 관찰자였으며 기이한 행동에 대해 관대한 태도를 보일 줄 알았다. 정말 끔찍한 상황 속에서도 나를 웃게 할 수 있었다. 그는 극진히도 나를 사랑해주었다.

한번은 심한 말다툼 끝에 숙모에게서 선물로 받은 도자기로 만든 작은 토끼인형을 침실 벽에다 집어던진 적이 있었다. 사실 지금은 왜 그랬는지 조차도 기억이 안 난다. 귀여운 토끼 '눈 뭉치'는 산산 조각이 났다. 핑크빛 귀 한쪽과 조그마한 발을 빼고는 형체를 알아 볼 수가 없게 되었다. 깜짝 놀란 리처드의 얼굴이 내눈에 들어왔다. 그는 웃음을 보였다. 나를 더 자극하지 않으려고 내게 등을 돌리고 웃음을 참아내려고 애를 썼다. 애를 쓰면 쓸수록 더 웃음을 멈출 수가 없었다. 그의 어깨가 떨리는 것이 보였다. "리튬을 너무 많이 복용했어." 한참 후에 말을 이었다. "표적이 빗나갔잖아."

나는 최대한 웃음을 참아보려 했지만 어쩔 수가 없었다. 결국, 우리는 웃음보가 터져서 바닥에 쓰러졌다. 나의 분노는 리처드의 유머를 당할 수 없었다. 다음날 저녁 리처드는 퇴근 후에 작은 상자를 건넸다. 그 안에는 도자기로 만든 하얀 토끼가 들어 있었다. 퇴근길 가게에서 산 것이었다. 그는 토끼 목에 메모를 걸어 놓았다. '산산 조각이 난 눈 뭉치를 기리며.' 우리는 그 토끼 인형에게 '눈송이'라는 이름을 붙여주었다. '눈송이'는 아직도 내 책상에 그대로 앉아 있다.

리처드는 과학적인 방식과 유머를 동원하여 나의 기분 문제를 대처했다. 그는 측정할 수 있는 것이라면 무엇이든 빠짐없이 꼼꼼하게 기록했다. 혈청 리튬 농도 및 생리 주기에 따른 나의 기분, 연중 계절에 따른 나의 기분과 리튬 농도, 그리고 리튬과 갑상선 약의 투약량에 따른 갑상선 검사 결과를 수치화하고 도표화했다. 감정이 특히 격해지는 기간에는 아침 저녁의 기분을 수치화해서 도표에 기록했다. 도표에는 온통 빨강, 초록, 검정 점들이 빼곡했다. 그에게 있어 나는 하나의 프로젝트임이 분명했다. 그 프로젝트는 내 병의 패턴을 이해하는 데 도움이 되었고 그에게는 계속 마음을 쏟을 만큼 흥미로운 일이기도 했다. 나를 마치 연구 프로젝트처럼 생각한 덕분에 리처드는 야수와 같은 나의 기분에 휘둘리지 않고 야수를 길들이기에 충분한 거리를 유지할 수 있었다.

정신과 진료를 받으러 리처드와 함께 같이 간 적이 몇 번 있었다. 리처드는 간혹 자신의 생각을 말하기도 했지만, 의사의 생각을 비판하려 하지 않고 나의 병에 대해 배우려고 했다. 그는 담당 의사의 임상적 통찰력을 존중했으며 약물이나 치료 계획을 변경해주라고 제안한 적이 한 번도 없었다. 내가 우울하거나 흥분할 때, 그가 어떻게 대처하는 것이 최선인지 의사의 조언을 구했다.

리처드는 나의 기분을 안정적으로 유지하는 데 있어서 잠의 중요성을 특별히 강조했다. 그가 수면 생물학에 대해 연구를 하고 글도 많이 썼기 때문이기도 하지만 그보다도 내가 잠을 자지 않고 일에 몰두한 결과를 직접 보았기 때문이다. 자정이 넘을 때까지 잠을 자지 않을 때면 가벼운 조증이 나도 모르는 사이에 서서히 찾아왔다. 약을 먹지 않으면 붕 뜬 기분과 흥분이 점점 고조되는 증상은 순식간에 병적인 상태로 심각하게 악화되었다. 약도 리처드가 먼저 먹으라고 설득을 해야지만 먹었다. 잉글랜드나 스코틀랜드나 다른 시차가 큰 지역으로 갈 때마다 리처드가 전화를 걸었다. 그가 전화로 "아직 자?"라고 묻기 전까지는 내 증세가 단순히 시차 때문에 생긴 문제라고 생각했었다. 항상 나는 눈을 말똥말똥하게 뜬 채로 깨어 있었지만 이렇게 말했다. “당연히 자고 있었지. 근데 당신 때문에 깼잖아.” 그러자 그는 웃으며 말했다. “그럼 자.” 그러고 나서 한 시간쯤 뒤에 그가 다시 전화를 걸었다. 그때도 약간은 전과 같은 내용이었지만 다른 식으로 대화했다. 나는 짜증을 부리거나 날을 세우지 않고 가뿐하게 그와 대화를 했다. 나의 상태가 호전되는 데에는 이와 같은 그의 배려가 결정적인 역할을 했다.

그럼에도 불구하고 어떨 때는 우리에게 나의 병이 너무나 힘들게 느껴지기도 했다. 그래서 나는 그때까지 다른 사람을 생각해서라는 명분으로 다른 사람을 신경 쓰지 않으려고 혼자 살았던 것이다. 내 병의 증상이 나타날 때 간혹 대처하기 쉽지 않을 때가 있었다. 어느 날 저녁, 리처드의 연구에 대해서 함께 이야기를 했다. 이야기 중에 리처드가 신경이완제 악성증후군에 대해 물었다. 신경이완제 악성증후군은 드물지만 항정신병 약물로 인해 일어날 수 있는 아주 힘든 부작용 반응이다. 처음에는, 정신병 환자에 대해서 연구하고 글을 쓰는 것이 그의 일이니 일반 정신병 환자를 위해 자기가 쓰고 있는 글의 맥락에서 그 질문을 했다고 생각했다. 하지만 곰곰이 생각해보니 그가 한 말 중에 귀에 거슬리는 것이 하나 있었다. “환자들이 이 증후군을 앓을 때”라고 하지 않고 “당신이 이 증후군을 겪는다면”이라고 한 말이었다. 나는 그 말이 무척 거슬렸다. 사무실을 둘러보니 한쪽 구석에 있는 서류 캐비닛 위에 그의 까만 진료 가방이 놓여 있었다. 전에는 한 번도 의심한 적 없던 그 가방이 오늘따라 이상하게 보였다. 왜 환자를 보는 진료실이 아닌 집에 저 진료가방을 두는 거지?

그에게 가방 안에 무엇이 들었는지 볼 수 있냐고 물었다. 그는 언짢아하며 마지못해 가방을 열어서 보여주었다. 그 안에는 처방전, 청진기, 혈압계, 반사 해머 등을 제외하고는 별로 든 것이 없었다. 하지만 좀 더 뒤지는 순간, 가방 바닥에서 내가 예상했던 물건이 나왔다. 진료 도구 밑에 주사기와 항정신병 약물 한 병이 있었다.

물어볼 필요도 없이 그는 나에게 조증이 나타날 때를 대비해서 준비한 것이었다. 그 주사기를 보니 처음 정신병 증상이 나타났을 때 강제로 약물을 투여 받았던 기억이 떠올랐다. 그에게 완전히 속고 배신을 당한 기분이었다. 고개를 돌려 리처드를 쳐다보았다. 그도 나처럼 어찌할 바를 모르는 것 같았다. 그는 남편인 동시에 의사로서 만에 하나 재발할지 모르는 병에 최선을 다해 대처해야 했다. 우리는 지긋지긋한 그 병을 지금껏 충분히 맛보았다.

긴 침묵 끝에 그가 입을 열었다. "케이, 어쩌면 좋을지 모르겠어." 그리고 한참 후에 말을 이었다. "약은 완벽하지 않아." 다시 쉬었다가 말했다. "나도 완벽하지 않고, 당신도 마찬가지야." 책상에 앉는 그의 모습이 지치고 슬퍼 보였다. 냉정한 현실 앞에서 우리는 꽤 오랫동안 아무 말도 하지 않았다. 그러고 나서 그가 아주 조용히 말했다. "사랑도 완벽하지 않아." 그 말은 내가 앓는 병의 불확실성과 관련하여 들었던 말 중에서 가장 정확하고 가장 냉정한 말이었다. 리처드는 최선을 다하고 있었다. 우리 둘 다 그랬다. 사랑은 완벽하지 않지만 우리는 서로 사랑하고 있었다.

그날 밤, 우리 둘의 관계는 물론 나 자신에게도 급격한 변화가 일어났다. 리처드가 주사기와 약물을 준비해둔 것은 좋은 의도에서 그런 것이며 그의 판단이 옳았다는 사실을 믿어야 했다. 그를 보면 달리 생각할 여지가 없었다.

리처드와 나는 정신건강을 유지하고 정신병을 극복할 수 있는 방법을 오랜 시간에 걸쳐 찾아냈다. 불완전한 데다 꼭꼭 숨어 있는 그 방법을 찾아내기 위해 우리는 치열하게 싸워야 했다. 리처드의 설명에 따르면 나의 뇌는 섬세한 생태계로 알칼리성을 띠는 미묘한 연못과 같다고 했다. 그 생태계는 리튬과 사랑, 그리고 잠이 정교하게 섞여서 생명을 유지하고 있다는 것이다. 리처드는 이렇게도 표현했다. 연못과 잠자리, 달팽이같은 것도 청소해줘야지. 리처드는 자신이 좋아하는 스누피처럼 인생을 더 흥미롭게 만들기 위해 자신과 나의 내면세계를 끊임없이 정렬했다.

때때로 리처드는 내 기분 상태에 따라 내 마음의 연못에 새로운 요소를 더했다. 한번은 잠자리에 들기 전에 엉뚱하게 이런 말을 했다. "언젠가는 코이(일본산 비단 잉어)를 좀 넣어야겠어." 또 한 번은 곰벌레(8개의 다리를 가진 몸 크기 50㎛~1.7mm의 무척추 동물, 행동이 굼뜨고 느릿한 완보동물의 하나로 온갖 상황에서도 살아남을 수 있는 엄청난 생존력을 가지고 있어 '사상 최강의 생물'이라는 별칭이 있음)를 넣는 것이 어떠냐고 물었다. 코이와 곰벌레는 어쩌면 사이좋게 지낼 수도 있고 어쩌면 코이가 곰벌레를 먹어치울 수도 있다. 어떻게 될지 알 수 없는 일이었다. 우리는 그것에 대해 생각해봐야 했다. 절묘하게 조화를 이루고 있는 잠과 약, 일과 사랑은 내 마음의 코이와 잠자리였다. 리처드는 이 연못에 과학과 기발함을 섞어 주었으며 살아 있는 동안 내내 그 연못을 건강하고 안전하게 지켜주었다.

리처드는 아주 깊이 받아주었지만, 완전히 다 받아주지는 못했다. 내 상태가 안 좋을 때면 격분하기도 했다가 당황하거나 아주 냉정하기도 했다. 그래도 결코 자기 마음대로 판단하지는 않았다. 그는 내 병이 나도 모르게 일어나는 아주 고통스러운 병이며 내가 다스리려고 열심히 노력하는 어떤 것이라고 생각했다. 조울병을 질병과 자아의 복잡한 상호작용으로 보고 조울병을 이해하는 데 필요한 것 이상으로 조울병의 복잡성을 축소하지도 않았다.

특히 힘든 시간을 겪은 뒤 리처드는 이런 편지를 썼다. "질병이나 장애는 그 나름대로 특성이 있어. 그래도 그것들은 그 특성 안에 존재하는 거지. 존재를 떠나서는 생기지 않는 거야. 예를 들어, 결핵이 사람의 폐에 있지 않다면 단순한 박테리아에 불과해. 사람의 성격도 마찬가지로 성격장애를 일으키잖아. 당신의 경우에는 박테리아가 일으키는 질병보다 상황이 훨씬 더 심각하다고 할 수 있지. 유전자 안에 있는 병이라서 지금껏 그 병과 함께 살아왔고 앞으로도 쭉 그래야 할 테니까 말이야. 그 병이 당신에게는 스파게티 그릇 안에 들어 있는 면 한 가닥이나 마찬가지야. 사람들은 그 그릇 안에 담긴 모든 것을, 그 모습 자체와 그 모습을 만들어낸 모든 요소를 사랑하는 것이지 유전자 하나를 사랑하는 것이 아니잖아."

리처드는 편지에 몇 년 전 호지킨병 때문에 받았던 피 말리는 치료에 대해서 이야기했다. 그 치료는 방사능과 화학요법을 결합한 공격적인 치료법이어서 병이 낫기는 했지만 상당한 대가를 치러야 했다. 그는 이렇게 썼다. "우리 둘 다 과거의 나, 그러니까 아프기 전의 자기 모습을 되찾기를 간절히 바라고 있지. 질병과 마법 같은 치료의 흔적과 자국이 남긴 했지만, 당신의 병처럼 그렇게 자신의 일부로 남아 있지는 않아. 당신의 병은 당신 성격의 한 부분이니까 더 그럴 거야. 그런 점에서 보면 당신보다는 내가 운이 좋은 셈이네. 당신은 호지킨병을 사랑할 수 없겠지만 나는 조울병을 사랑할 수 있어."

내가 힘들 때마다 리처드는 무너지지 않게 붙잡아주었다. 아무 이유 없이 절망에 휩싸여 바닥을 헤매고 온갖 희망이 나에게서 빠져나가는 것처럼 느껴질 때가 있었다. 특히 초반에는 더 그랬다. 런던에 살고 있을 때 그에게 이런 편지를 썼다. 삶에서 느껴지는 믿을 수 없는 행복 속에서도 나는 끔찍하게 어둡고 또 처량한 생각과 암울한 감정이 꽉 차 있는 것처럼 느껴졌어. 그런 느낌은 언제나 내가 예상하는 대로 찾아왔어. 피로감, 그다음에 길고 깊은 구름, 그리고 마지막으로 절망감이 찾아왔어. 왜 또? 도대체 왜? 사람은 그냥 죽기 위해 태어나는 거야. 병은 좋은 감정을 비현실적으로 만들고 조롱당하고 괴롭힘을 받는 것처럼 느끼게 해. 그리고 잠깐 이런 생각도 했어. 나에게는 리처드가 있잖아. 리처드가 여기 있었으면 나를 안아주고 사랑해줄 거야. 차를 한 잔 타 주고 힘든 시간을 넘기고 잠들 수 있게 약도 챙겨주겠지. 한순간 당신이 달콤함과 믿음을 줄 때도 있어. 하지만 곧바로 어두움이 다시 밀려와. 그냥 이러다가 내 인생은 끝나버릴 거야. 아무리 애를 써도 이 병은 항상 나를 힘들게 하지. 내 마음 속에는 슬픔과 비통이 쌓여서 다시 분출될 때만을 기다리고 있어. 항상 썰물과 밀물이 들고나는 것처럼 말이야."

우울증이 재발했을 때 그 강도는 심했지만, 리처드와는 나쁘지 않게 지냈다. 오히려 그 반대였다. 리처드를 알고 난 뒤로는 대체로 건강하고 기분이 좋았다. 우리는 더할 수 없이 재미있게 지냈다. 우리는 같이 환자를 보고 많은 논문과 전문 프로젝트도 공동으로 진행했다. 리처드와 나는 각자가 다른 방식으로 마음이 혼란스러웠었는데 둘이 함께 지내면서 평온함을 찾았다.

내가 그를 받아들이고 사랑해준 덕분에 리처드는 그전에는 몰랐던 고요한 마음과 평상심이라는 새로운 세계를 알게 되었다고 자주 얘기했었다. 내 성격을 고려했을 때 그의 말은 무척 놀라웠다. 한번은 비꼬아 하는 말이 아니냐고 했더니 리처드는 아니라고 했다. 혹시 불행했던 그전의 결혼생활이나 나를 만나기 전에 만났던 사람들과의 관계에 비하면 그나마 내가 낫다는 의미가 아닌지 라고 물었지만, 리처드는 역시 아니라고 했다. 그런 부분이 아예 없다고 할 수는 없겠지만 딱 그런 것은 아니라고 했다. 역설적이긴 하지만, 혹시 그에게 내가 일종의 흥분제 역할을 하는 것인가? 리처드는 역시 아니라며 이렇게 말했다. "당신은 나한테 고요한 세상을 만들어줬어. 당신의 평온함이 내게는 안식처야." 한번은 내게 이런 편지를 보냈다. "당신의 열정은 나를 엉망진창으로 만들 때도 있었지만, 정말 매력적이야. 하지만 당신은 그 열정으로 가장 중요한 것을 이해하거나 받아들이잖아. 바로 그 점 때문에 당신을 사랑할 수밖에 없어." 지금 생각하면 참 이상하다. 사랑은 이렇게 다른 영혼들끼리 만나 서로를 위로할 수 있게 해주고, 또 그들에게 희망과 행복을 안겨준다.

리처드와 나는 서로의 부족한 부분을 잘 채워주었다. 리처드는 과묵한 사람이었다. 본인이나 동료들이 원하는 만큼 사람에게 감정적으로 다가가는 성격이 아니었다. 그러나 나를 만나면서 다른 사람들과의 관계에도 변화가 생긴 것 같았다. 리처드는 사람들과의 새로운 관계에 익숙해지자 그 방식을 좋아했다. 리처드는 성격이 바뀌기 시작할 무렵, 내게 이런 편지를 보냈다. "당신을 사랑하는 마음이 다른 사람들을 대할 때에도 배어 나오는 것 같아. 어제 연구소에서 한 연구원을 껴안았어. 자연스럽게 나온 거지만 평소에 나답지 않은 행동이었지. 아마도 내 마음 속에도 감정을 표출하고자 하는 욕구가 쭉 있었는데 적절한 자극이 오자 나도 모르게 나온 행동인 것 같아." 좀 더 정감있는 성격으로 변하기 위한 첫 시도는 서툴렀다. 리처드는 이렇게 말했다. "사람들한테 먼저 다가서는 데에는 오랜 시간이 필요해. 원래의 무뚝뚝한 나로 되돌아가고 있어." 하지만 리처드는 삶을 강렬하게 경험하는 것이 얼마나 행복한 일이며 삶이 연구소 한 쪽에서도 발견될 수 있다는 사실을 느끼고 있었다.

어쨌든 리처드와 나는 함께 있는 것 자체를 좋아했다. 우리에게는 친한 친구들이 몇 명 있었다. 그래서 놀든 일하든 혹은 둘 다를 함께 하든, 일주일에 며칠 밤은 나가서 시간을 보냈다. 리처드와 나는 정치의 도시인 워싱턴을 좋아했다. 새로운 도시에 가게 되면 본능적으로 동물원이나 자연사 과학박물관을 찾아갔고 〈외계인 알프(ALF)〉라는 TV프로그램을 정말 좋아했다. 알프는 멜마크라는 행성의 동부에서 온 외계인으로, 교외에 있는 한 중산층 가정의 창고에 불시착하게 된다. 알프는 덩치가 작고 오렌지색 털로 덮여 있으며 위가 8개나 있었다. 우리는 〈외계인 알프〉에 심취한 나머지 일에 지장을 받고 워싱턴의 저녁 파티까지 마다할 정도였다. 미국 군대에 붙잡힌 알프는 자신의 고향 행성으로 돌아가지 못하게 되면서 시리즈가 끝났을 때에는 너무나 괴로웠다. 그래서 우리는 상상으로 알프에게 다른 운명을 찾아주며 시간을 보냈다. 알프가 하버드 의대에서 연구를 한다거나 (실제로 우리 동료 중에 외계인에게 납치되었다고 믿는 환자들을 대상으로 그룹 치료 세션을 이끄는 유명한 사람이 있다), 전쟁 특파원으로 또는 UN에서 통역가로 활동하는 알프를 상상했다. 우리는 알프의 양부모와 그의 동향 외계인들을 위해 정교한 계획을 세웠다. 리처드는 알프를 위해 새로운 행성과 은하계를 그리고 거기다가 별과 별자리와 알프가 가장 좋아하는 음식인 고양이를 그려 넣었다. 아마 다른 식으로 시간을 좀 더 건설적으로 보낼 수도 있었겠지만 그런건 아무래도 상관없었다. 마치 우리에게 시간이 영원한 것처럼 웃고, 그림을 그리고, 또 상상했다. 몇 년이 지난 후에도 계속 알프의 행성에다 산맥과 섬과 바다, 맛있게 생긴 새로운 고양이를 그려 넣어 주었다.

우리는 무척 재미있게 살았다. 어느 봄날 로스앤젤레스에서 있었던 일이 생각난다. 그날 나는 다이어 울프(신생대 제3기 플리이오세에 살았던 늑대의 한 종으로 중북부 아메리카에 널리 분포)가 되어 푸른색 분홍색 플라스틱 풀숲 사이로 젤리와 노란 마시멜로 치킨을 사냥하러 다니다가 결국 침대 시트 사이에 손과 무릎이 끼고 말았다. 리처드는 그 침대를 '살아있는 부활절 바구니'로 변신시켜 놓았다. 거기에는 플라스틱 풀과 젤리뿐만 아니라 온갖 종류와 크기의 초콜릿 부활절 달걀과 토끼가 가득했다.

늘 그랬듯이 그날은 정말 멋진 날이었다. 우리는 라 브레아 타르 피츠 박물관에서 하루를 시작했다. 이 박물관에는 4억 년 전에 타르에 빠져 화석이 된 검치호(칼날 모양의 송곳니가 있는 호랑이)와 다이어 울프와 땅늘보(선사시대에 살았던 키 6m의 초식동물)가 있다. 그리고 타르 피츠 박물관에는 다이어 울프의 두개골 약 4백 개가 한쪽 벽에 설치되어 있다. 리처드는 그쪽으로 잽싸게 달려가서는 한 시간 넘게 넋을 잃고 그 두개골 설치물을 바라보았다. 나를 불러서 여러 가지 늑대 두개골의 미세한 차이를 설명해주었지만 내 눈에 다이어 울프의 두개골은 다 똑같아 보였다. 나는 금방 지루해져 거대한 땅늘보가 있는 곳으로 발길을 옮겼다. 우리는 그렇게 함께 있으면 있는 대로 좋았고 또 떨어져 있으면 점심을 먹을 때 함께 이야기를 나눌 생각에 들떠서 좋았다.

그날 저녁, 우리는 태평양이 내려다보이는 식당에서 식사를 했다. 리처드는 와인을 한 잔 마신 후에 종이 두 장을 꺼내며 말했다. "제일 먼저 생각나는 것을 적어봐." 꼭 정신과 의사가 하는 말 같았다. 물론 리처드도 정신과 의사이긴 하지만 자유연상 같은 건 하지 않았기 때문이다. 리처드는 새로운 생각이나 계획이 떠오를 때면 늘 그렇듯이 가만히 있었다. 나에게 종이 한 장을 주고 제일 위에다 '리처드' 라고 휘갈겨 썼다. 그리고 그 아래에 세 가지 항목을 적었다. '일 년 중의 몇 월', '물고기', '나무', 이 세 항목 옆에는 각각 선이 하나씩 그어져 있었다.

"나를 생각할 때 제일 먼저 떠오르는 것을 적어봐. 나도 당신 생각하면서 쓸게." 우리는 목록을 작성하기 시작했다. 리처드가 일단 게임을 시작하면 저항해 봐야 소용없으므로 순순히 그의 말에 따랐다. 우리는 와인을 마시며 목록을 작성하고 각자 쓴 것을 비교해보았다.

"나는 몇 월이야?" 그가 물었다.

"5월 초." 내가 말했다. "나는?"

"9월", 그가 분명하게 말했다. "당신은 정말 딱 9월 같아."

리처드는 약간의 와인에 취기가 올라 있었다. 우리는 계속했다.

"나는 어떤 물고기야?" 그가 물었다.

"무지개 송어." 내가 대답했다.

그는 찬성의 뜻으로 고개를 끄덕였다.

"나는?" 나는 이국적인 산호 물고기나 강물을 거슬러 오르는 연어를 생각하며 물었다.

"멸치." 그가 실실 웃으며 대답했다.

"난 멸치 싫단 말이야." 내가 대답했다. 물론 내가 멸치를 싫어하는 건 그도 알고 있었다.

"그래. 당신은 싫어하지만 내가 얼마나 좋아한다고." 그가 사랑스럽게 웃었다.

"치, 그런 게 어디 있어? 나는 무지개 송어라고 써줬는데."

리처드가 웃으며 말했다. "그러게 난 진짜 무지개 송어 맞잖아."

맞다. 그는 정말 무지개 송어였다.

이어서 서로의 나무를 정하는 것은 쉬웠다. 그는 우아하고 부드럽고 가지가 복잡한 수양벚나무였다. 나는 키가 크면서 회복력이 좋고 계절에 민감하고 격정적인 사시나무라고 했다.

그 모든 것이 저녁 식사와 와인과 웃음과 완벽하게 어울렸다. 그날을 생각할 때면 나는 지금도 리처드가 5월 초이자 무지개 송어이자 수양벚나무라고 생각한다.

라일락과 로마의 반지

리처드와 나는 1994년 가을에 결혼했다. 시기적으로 우리 둘의 첫 만남에서 리처드 죽음까지의 중간쯤되는 시기였다. 우리는 베니스와 로마로 신혼여행을 가서 짧았지만 꿈처럼 행복한 시간을 보내고 워싱턴으로 돌아왔다. 그리고 리처드는 자신의 연구 업무를, 나는 일 년 내에 출판 예정이던 책 수정 작업을 다시 시작했다. 신혼여행으로 잠시 세상에 대한 걱정을 잊을 수 있었던 좋은 시절은 다 지나갔다. 나는 책에다 내 조울병에 대해 적나라하게 썼다.

나의 조울병, 양극성 장애를 책으로 쓰는 것에 대해 리처드는 절대적으로 찬성했다. 책을 쓰면 어떤 것은 확연하게 드러나고 어떤 것은 그렇지 않겠지만, 어떤 결과가 뒤따를 것이라고 했다. 내 병을 밝힘으로써 나는 쉽게 비난의 대상이 될 수도 있고 리처드의 입장도 난처해질 수도 있다. 그 책은 비평의 대상이 될 수도 있고 재정적인 면에서 실패할 수도 있을 것이다. 그렇게 될지라도 리처드는 책을 쓰는 것이 옳은 일이라고 생각했다. 정신질환으로 고통 받는 사람들이나 그 가족들에게 어떤 목소리든 필요했기 때문이다. 오랫동안 정신분열병을 연구한 과학자로서, 정신건강의 옹호자로서, 또 중증 환자들을 대하는 의사로서 리처드는 누구보다도 공개적인 논의의 필요성을 알고 있었다. 개인적으로는 조울병 환자의 남편으로서 조울병으로 인한 피해를 직접 경험해 왔다. 또한, 나를 비롯한 많은 환자들이 차별적인 정책 때문에 상처를 받거나 개인 진료나 학술 모임에서 동료들이 던진 무례한 발언 때문에 상처받는 것을 목격해 왔다.

리처드는 감정적인 면에서나 경제적인 면에서 지지를 아끼지 않겠다고 했다. 나에게 감정적인 지지는 무척 중요했지만, 경제적인 지지는 별로 중요하지 않았다. 나는 고등학교를 졸업한 뒤 경제적으로 자립했다. 대학과 대학원 시절에도 계속 일을 했다. 나중에는 대출받았던 학자금과 병원비, 그리고 수입 없이 지내는 동안 졌던 엄청난 빚을 갚기 위해서 미친 듯이 일을 했다. 나는 경제적으로 독립적인 사람이어서 리처드에게 금전적으로 기대고 싶지 않았다. 그래도 도움을 주겠다는 그의 말만으로도 무척 고마웠다. 리처드는 사랑이 끝까지 우리를 지켜줄 것이며 우리가 올바른 일을, 그것도 둘이서 그 일을 함께 하고 있다고 믿었고 내게도 믿음을 주었다. 나의 삶을 담은《조울병, 나는 이렇게 극복했다(An Unquiet Mind)》는 리처드의 격려가 없었다면 쓰지 못했을 것이다. 그 책으로 도움을 받은 사람이 있다면 다 리처드 덕분인 셈이다.

내 병에 대해서 책을 쓰기로 결정한다는 것은 어려운 일이었다. 나는 캘리포니아와 컬럼비아 지역에서 면허를 취득한 임상 심리학자로 존스 홉킨스 병원에서 특전을 누리며 일하고 있었다. 직접 앓고 있는 병에 대해 연구하고 글을 쓰는 사람이기 때문에 내 병을 밝히게 되면 동료로부터 내 일의 객관성에 대해 의혹을 받을 것이라는 사실을 잘 알고 있었다. 지극히 개인적인 내용을 담은 나의 책으로 인해 적어도 가까운 미래에 임상을 포기해야 할 수도 있다는 것을 알고 있었다. 직업적인 면에서나 금전적인 면에서 상당한 타격이 뒤따르리라는 것을 예상할 수 있었다. 나는 오랫동안 임상훈련을 받았고 거의 20년 동안 환자를 봐왔다. UCLA 정동장애 클리닉의 소장으로서 폭넓은 임상 책무를 즐겁게 했고, 처음엔 로스앤젤레스에서 다음엔 워싱턴에서 개인 임상을 계속했다. 나는 내 일을 정말 좋아한다. 환자를 보지 못한다는 것은 엄청난 상실일 것이고, 그렇게 되면 나의 결정을 후회하게 될 것이다. 임상 작업을 정말 좋아했기에 포기하고 싶지 않았다.

또한, 나는 젊은 의사들과 대학원생들을 가르치는 선생이기도 했다. 대부분의 사람들처럼 나 역시도 개인적인 문제는 드러내지 말아야 한다고 교육을 받으며 자랐다. 우리 아버지는 공군 장교이자 조종사이셨다. 늘 군대 규정을 지키셨고 어려움이 있을 때에는 조용히 인내하는 성격이었다. 우리 어머니는 따뜻한 여성이었지만 개인적인 문제를 다룰 때에는 과묵하신 분이었다. 그런 면에서 아버지와 비슷하셨다. 두 분 다 전형적인 앵글로색슨계 백인 신교도 방식대로 개인적인 문제는 스스로 간직하는 엄격한 성격이셨기에 나약함을 인정하지 않으셨다. 감독교인(영국 성공회 교도)이라는 사실도 한몫했다. 얼음 같으면서도 선택받은 감독교인들은 시간이 지나면서 얼음 같은 태도가 조금씩 풀리긴 했지만 그래도 여전히 지나치게 경직된 편이었다. 나는 계속 내 안의 두려움을 숨기고 금고처럼 마음을 단단하게 닫은 채 성장했다. 고백하지도, 시인하지도, 인정하지도 않았다. 그런 것은 용납되지 않았기 때문이다.

이런 세계관을 좋아하고 신봉했다. 내가 가장 존경하는 사람들은 다 이런 가치관을 가지고 있었다. 그들은 거의 불평을 하지 않고 평탄하게 잘 생활했으며 개인적인 어려움을 밖으로 드러내지 않았다. 그들은 그런 신념으로부터 자신감과 지배력을 얻었기에 그들에게 고통이나 개인적인 실패를 인정하기란 쉽지 않았을 것이다. 그들은 자신의 신념에 대해 너무나 확고한 확신에 차 있었다. 물론 그에 따라 치러야 할 대가도 있었지만 내가 알고 있는 신념은 그게 전부였다.

그런 가치와 신념들은 단순한 세계는 잘 맞았지만 나 같이 병든 정신과 싸우는 젊은 여자에게는 잘 맞지 않았다. 순진했던 모습도 정신병이 발병하면서 두 번 다시 돌아오지 않았다. 성인이 되어 겪었던 경험들은 어린 시절의 가치체계로는 잘 이해할 수가 없었다. 나는 정신병과 좌절에 무릎을 꿇어야만 했고 나의 가치관은 돌이킬 수 있는 범위를 넘어서서 동요되었다. 나는 임상가이자 학자로서 나와 같은 정신질환이 있는 환자들이 경험하는 참상을 너무나 잘 알고 있었다. 나의 내면을 들여다본 후 주위를 둘러보았다. 그리고 곧 사생활과 과묵함은 그럴듯해 보일지는 모르나 자신의 삶을 필요 이상으로 어렵게 만든다는 사실을 깨달았다. 오히려 정신질환에 대해 침묵을 하면 마음속의 부끄러움 그리고 불필요한 고통과 공포가 생겨났다.

내가 조울병 환자라는 사실을 숨기기가 점점 더 힘들어졌다. 사실 우리 부모님은 나에게 개인적인 문제는 비밀로 하라고 가르치셨지만, 또 한편으로는 스스로 생각하고 다른 사람에 대한 책임감을 지니도록 하셨다. 나는 내 자신이 위선적이고 혐오스럽게 느껴졌다. 그러면서 직업적인 자기 보호와 은폐 본능이 점점 무너져 갔다. 나는 20년 동안 우울증과 양극성 장애에 대해 연구하고 글을 쓰면서 해당 분야의 대형 전문 클리닉을 설립하고 관장했으며 또 큰 대학병원의 전임 교수를 맡고 있기도 했다. 오랫동안 병을 잘 통제하고 있었던 것이다. 나 자신조차 병을 공개하지 못하면서 다른 사람이 그러기를 기대하는 것은 말이 되지 않았다.

나는 가족, 친구들, 동료에게 조언을 구했다. 어머니와 오빠는 내가 조울병 환자라는 사실을 공개하는 것에 대해 강하게 반대했다. 내가 그동안 충분히 고통을 받았으며 그 사실을 공개하게 되면 앞으로 개인적으로나 직업적으로 불이익을 받게 될 것이라고 생각했기 때문이다. 그러나 아버지께서는 본인이 조울병을 앓고 있으셔서인지 모르겠지만, 나의 경험을 솔직하게 쓰라고 격려해주셨다. 아버지는 그렇게 하는 것이 용기 있고 옳은 결정이며 아버지 자신에 대해서도 가감 없이 있는 그대로 써야 한다고 말씀하셨다. 친구들과 동료들은 의견이 분분했다. 임상 훈련을 받지 않은 친구들이 더 긍정적인 태도를 보였다. 내 병을 공개하는 것이 다른 정신병 환자들에게 도움이 될 수도 있고 또 정직함으로 인해 본질적으로 자유로워질 수 있다고 믿었기 때문이다. 일반적인 관점과는 거리가 먼 의견이었다. 어떤 이들은 비판은 수그러들겠지만, 직업적으로는 심각한 타격을 받게 될 것이라고 단호한 반대입장을 보였다. 그들은 내 삶이 이제 막 자리잡기 시작한 시점에 또 다른 불안정을 감수하는 모험 행위라고 지적했다. 임상가로 일하고 있는 이들이 더 부정적인 견해를 보였다. 나와 마찬가지로 그들도 임상 현장에서 동료들에게 가해진 편견과 조치들을 직접 보았기 때문이었다. 그래서 그들은 직장 동료들이 나를 이해해주리라는 기대는 거의 하지 않았다.

마침내 그 문제에 대해 나의 정신과 의사인 다니엘 아워백과 상의했다. 다니엘 아워백은 최고 수준의 의사로서 내가 처음 발병했을 당시에는 젊은 UCLA 조교수였는데 그때부터 지금까지 쭉 내 주치의를 맡고 있다. 우리는 함께 나의 병을 밝히면 발생할 수 있는 피해와 이득을 비교 검토해보았다. 나는 동료 학자들과 병원 사람들이 나에게 조울병을 앓는 심리학자가 아니라 '심리학자인 조울병 환자'라는 꼬리표를 붙일까봐 걱정스러웠다. 전문가로서 장애가 있다는 사실이 중요한 이슈로 부각되리라는 것을 알고 있었다. 그것이 진짜 걱정되는 문제였다. 심리학이나 정신의학 전문가들이 여러 가지 특별한 문제를 제기할 것이다. 나는 새로운 눈으로 나의 행동을 유심히 관찰하고 나의 감정을 평가해보았다. 그리고 새로운 귀로 흠이 될 수 있는 부분과 실제로 존재하거나 일어날 수 있는 분노에 귀를 기울여 보았다. 그랬더니 전망은 낙관적이지 않았다.

다니엘 아워백은 병을 솔직하게 밝히고 싶은 나의 마음을 이해했다. 우리는 정신병, 자살시도, 초기의 치료 거부에 대해 공개적으로 논의함으로써 일어날 수 있는 결과를 함께 이야기했다. 내가 침묵을 지키고 살면서 치르게 될 비용을 그는 누구보다 잘 알고 있었다.

또 반대로 일단 병을 공개하면 내 자존심에 심각한 타격을 입게 되리라는 사실도 잘 알고 있었다. 나에게 자존심은 값비싸지만, 유년 시절 이래 나를 지탱해주는 힘이었다. 아무것도 이루지 못했을 때에도 자존심은 나를 버티게 해주었다. 조울병 환자라는 사실을 공개하는 것은 경쟁자들이나 혹은 지금껏 나 때문에 기분 나빴던 사람들에게 나를 공격할 무기를 손에 쥐어 주는 꼴이 될 것이다.

나의 주치의는 아주 사려 깊고 세심하게 또 나를 보호해주는 조언을 해주었다. 그의 조언에서 우월감 같은 것은 전혀 느껴지지 않았다. 스스로 병을 공개할 수 있다고 생각하고 납득할 수 있으면 그렇게 해도 좋지만, 그 일이 결코 호락호락한 일은 아닐 것이라고 분명히 말했다. 하지만 그것이 견디지 못할 만큼 힘든 일이라는 말은 하지 않았다. 실제로 그것은 정말 만만치 않은 일이었지만 그렇다고 견디지 못할 만큼 힘든 일도 아니었다.

나는 나의 병과 삶에 대해 숨김없이 밝혀야 한다고 생각했다. 그렇게 하지 않으면 책을 쓰는 의미가 없을 것이었다. 그러려면 나의 힘들고 모순적인 삶을 다시 떠올리고 묘사하고 또 공개해야 했다. 나는 몇 차례 환각과 망상에 시달렸고 몇 달 동안 계속 우울증으로 마비되어 있었다. 때때로 기이하고 혼란스런 행동을 했다. 누가 봐도 심각한 상태였다. 자살시도를 했고 리튬 과다 복용으로 거의 죽을 뻔하기도 했다. 리튬은 내가 의학저널을 통해 환자들에게 복용할 것을 강력하게 주장했던 약이다. 발병 초기에 나는 리튬을 불규칙적으로 억지로 복용했다. 이해를 바랄 수는 있겠지만, 당연히 이해받을 수 있을 것이라고 생각할 수 없는 상황이었다.

그다음으로 존스 홉킨스의 폴 맥휴 정신과 과장과 이야기를 했다. 그의 판단을 존중하기 때문이기도 했고 또 그렇게 하는 것이 나의 도리이기 때문이기도 했다. 나는 기이하게 교차하는 나의 정신세계에 대해 글을 쓰는 것이 연구자, 임상가, 교수, 환자들에게 도움이 될지도 모른다는 생각이 들지만, 정신과나 존스 홉킨스 병원의 입장을 곤란하게 만들고 싶지는 않다고 말했다. "그 정신병원 책임자가 누구야?" 사람들의 이런 빈정거림을 피할 수 없으리라는 사실을 과장이나 나나 잘 알고 있었다. 보다 실질적인 면에서는 실제 법률, 교육, 임상과 관련된 문제들이 있었다. 대중과 언론이 어떤 반응을 보일지는 아무도 예측할 수 없었다.

내가 걱정하는 문제를 설명하는 동안 폴 맥휴 과장은 내 말에 귀를 기울였다. 말을 마쳤을 때 그는 나를 다정하게 바라보며 말했다. "케이, 완전히 거꾸로 생각하고 있구먼." 그리고 윌리엄 홀스티드라는 전설적인 의사에 대해 이야기했다. 윌리엄 홀스티드는 존스 홉킨스의 초대 외과 과장이었다. "홀스티드 교수는 코카인과 모르핀 중독자로 알려져 있었네." 폴 맥휴 과장이 이어서 말했다. "홀스티드 교수가 병이 나자 그의 동료들은 홀스티드 교수의 환자를 보호하는 것이 자신들의 책임이라고 생각했어. 또 홀스티드 교수가 계속해서 연구하고 글을 쓰고 젊은 의사들을 훈련시킬 수 있도록 최선을 다해 그를 보살펴주었지." 내가 이해할 시간을 충분히 주면서 계속 말을 이어나갔다. "존스 홉킨스 병원이 사네를 위해서 그 정도도 못해준다면 의료 기관으로서 자격이 없는 것이네." 폴 맥휴 과장은 더할 수 없이 깊은 이해심을 보여주었다. 그는 나를 무조건

지지한다며 의료진이나 직원 중에서 나를 힘들게 하는 사람이 있으면 자기한테 알려달라고 했다. 그리고 존스 홉킨스 병원장과의 점심식사 자리를 마련해주었다. 병원장도 마찬가지로 나를 전적으로 지지해주면서 정신질환자들에 대한 오명을 벗기는 데 존스 홉킨스가 앞장서야 한다고 학과장과 같은 입장을 취했다. 그는 나의 병을 공개함으로써 의사들과 임상의들이 보다 쉽게 좋은 의료 서비스를 찾아내고, 받아들이고, 제공하는 데 도움이 되기를 바랐다. 병원장과 정신과 과장은 자신들이 할 수 있는 한 최대한 나의 결정을 지지해주겠다고 입장을 분명히 밝혔다.

그 두 분은 내게 훌륭한 가르침을 주는 병원에서 일하는 영광을 주었다. 이런 일이 의과대학이나 병원에서 흔히 있는 일이 아니라는 것쯤은 나도 잘 알고 있었다. 흔히 있는 일이 아니어서 배움을 주고 발전할 수 있게 해주는 모범이 되는 일이었다.

나에게 가장 중요한 조언과 지지를 해준 사람은 역시 리처드였다. 좌절할 때면 자극해주고 힘들 때면 안아주면서 내가 책을 쓸 수 있도록 격려해주었다. 리처드는 삶이 힘들 때도 포기하지 않았고 나에 대해서도 포기하지 않았다.

1995년 봄 〈워싱턴 포스트〉지에 나의 정신질환을 공개하는 기사를 쓰기로 했다. 그 해 겨울 나의 회고록《조울병, 나는 이렇게 극복했다》가 출간되었다. 〈워싱턴 포스트〉지에 기사가 나가고 얼마 뒤 리처드와 나는 미국 정신의학회의 연례회의에 참석했다. 대부분의 동료들은 내가 양극성장애 환자라는 사실을 알고 충격을 받긴 했지만 그래도 그렇게 병을 공개하고 글을 쓴 것에 대해 지지해주고 후한 평가를 해주었다. 하지만 몇 명은 몹시 불편해보였다. 그들은 심지어 나의 눈길을 피하고 나와 거리를 두며 아무 말도 하지 않았다. 정신과 의사들이 유난히 인정이 많다거나 곤란한 상황에서 적절한 말을 더 잘할 줄 안다거나 하는 환상 따위는 버렸다. 나는 싸늘한 침묵에 충격을 받았다. 내 병에 대해 공개를 한 뒤 내가 어색해할 줄 알았는데 그렇지 않자 그들이 어색해하는 것 같았다.

내 책이 출간된 후 그해 겨울에 스톡홀름에서 개최되는 의학회에 참석했다. 덴마크인 동료 한 명이 이런 말을 했다. "덴마크 의사라면 아무도 당신처럼 그런 글을 쓰지 않을거요." 칭찬으로 하는 말이 아니었다. 호텔로 돌아오는 길에 한 꽃가게 창으로 잘린 튤립이 보였다. 북쪽의 어둠에 대항하는 아름다운 진홍색 튤립. 그러자 몇 년 전 젊은 여성으로서 과학회에 참석했을 때 느꼈던 외로움이 다시금 문득 밀려왔다. 회의는 사실 지극히 남성적인 색채가 강해서 꼭 영역 다툼과 유인원의 서열 싸움을 방불케 했다. 그런 것으로부터 나를 지키기 위해 나는 호텔 방에 꽃을 사두는 경우가 많았다. 화사한 색채, 아름다운 자취, 나만의 여성성을 지키기 위하여.

여러 해가 지난 지금 스톡홀름에서 그때에 느꼈던 외로움과 고독감이 다시금 살아난 것이다. 꽃가게에 들러 빨간 튤립을 한 아름 사서 호텔 침대 옆 테이블에다 두었다. 말하자면 튤립은 그 남자 동료의 말에서 받은 상처를 치유해주는 나만의 치료제인 셈이었다. 스웨덴, 덴마크, 노르웨이의 동료들 대부분은 나에게 잘해주려고 무척 노력했으며 따뜻하게 지지해주었다. 하지만 아무런 악의가 없는 그 말 한마디에 나는 바닥으로 추락한 것 같은 기분과 예전에 느꼈던 고독감에 빠져 버렸다.

나와 냉담하게 거리를 두는 동료들도 있었지만, 친절하게 감싸주는 동료가 훨씬 많았다. 더블린에서 있었던 회의에서 아일랜드의 동료들은 대단했다. 성 바르톨로뮤 병원의 병원장은 나의 '개인적인 용기'를 축하하기 위해 샴페인으로 건배를 제안했고 트리니티와 더블린대학의 동료들은 너무나도 친절했다. 자문 정신과 의사 한 명은 나에게 예이츠(1865~1939, 아일랜드 극작가•시인으로 노벨문학상 수상)의 시집 한 권을 선물해 주었다. 그 시집에는 그냥 "감사합니다."라고 적혀 있었다. 또 다른 사람은 숨이 멎을 정도로 아름다운 오렌지색 양귀비와 야생 수레국화 한 다발을 내 방으로 보내왔다. 저녁식사와 와인 한 잔을 한 뒤, 더블린의 정신의학 교수 두 명이 1916년 부활절 봉기의 중심지였던 중앙 우체국으로 나를 데리고 갔다. 그러고는 죽어가는 쿠훌린(스코틀랜드와 맹크스의 민담과 얼스터 전설 집에 등장하는 아일랜드 신화의 반신반인 영웅) 동상을 가리키면서 웃으며 말했다. "이 동상을 보면 케이 당신이 좋아할 거라 생각했어요." 정말로 쿠훌린은 힘들게 승리했다.

이제 나의 사생활은 만천하에 공개되었다. 새로운 현실에 적응하여 살아가기가 쉽지 않았다. 내가 어렸을 때에는 문제가 생겨도 말을 하거나 티를 내지 않았고 어른이 되어서는 웃음과 일과 가식으로 교묘하게 나의 정신병을 감추었다. 하지만 이제 나의 정신과 마음 그리고 정신병은 지면, 강연, TV 스크린을 통해서 낱낱이 밝혀졌다. 그럼에도 불구하고 기분이 좋았다. 일단 솔직하게 털어놓아서 좋았고 또 최근까지 변두리를 맴돌다가 이제야 사회의 일원이 된 것 같아 좋았다. 이제 나는 단순히 진단과 치료에 관련된 질문에만 대답하는 연구원과 임상심리학자가 아니었다. 이제는 나의 정신병과 두려움에 대해서 말할 수 있었고 거리감이나 위선도 느껴지지도 않았다.

《조울병, 나는 이렇게 극복했다》를 출간한 이후 수천 통의 편지를 받았다. 대부분은 나에 대해 관대한 내용이었지만 편협한 내용도 꽤 많았다. 특히 종교적인 비난이 가장 많았다. 근본주의 기독교인으로부터 받은 편지가 수백 통이었는데 내가 신에게 등을 돌리고 정작 내가 있는지 없는지 인식도 하지 않았던 기독교 신앙심을 버린 것을 비난하는 내용이었다. 어떤 사람들은 내가 진심으로 예수 그리스도를 받아들이지 않았기 때문에 혹은 기도를 충분히 자주 또는 진심으로 하지 않았기 때문에 벌을 받아 병에 걸린 것이라고 생각했다. 내가 사탄에게 마음을 열어서 사탄이 내 안에 들어온 것이니 정신병과 좌절을 겪는 것이 마땅하며 그 벌은 이승에서도 저승에서도 계속될 것이라고 했다. 내가 영원토록 불타기를 기대해야 한다고 했다. 나는 극단적인 종교인들의 정신질환에 대한 편협함과 증오를 충분히 맛보았다. 불쾌하고 소름끼쳤다. 나에게 악마의 현대판 화신이라는 등, 귀신이 붙었다는 등, 중세시대에나 믿었을 법한 신념과 악랄한 공격에 충격을 받았다. 어떤 여자는 기도하는 사람과 성경 구절이 찍힌 카드에다 나에게 아이가 없어서 다행이라는 글을 써서 보냈다. 그나마 '이 세상에 미친 조울병 환자 하나는 더 보태지' 않아서 다행이라고 했다. 이와 비슷한 내용이 몇 가지 더 있었다. 한 사람은 이런 편지를 보냈다. "당신 같은 조울병 환자들이 만들어내는 고통과 괴로움을 잘 모르는 것 같군요. 어떻게 감히 아이를 낳을 생각을 할 수가 있죠? 그건 정신병 환자를 하나 더 낳는 거라고요."

악의적으로 모든 정신질환의 치료에 어떤 약물의 사용도 반대하는 정치적으로 힘있는 집단이 있다. 그들은 자주 놀랄 만큼 강한 영향력을 발휘했다. 자신의 조증을 즐기거나 조증을 일종의 재능으로 간주하는 사람들은 내가 의료기구회사와 결탁하여 치료를 권장한다고 혹평했다. 소수이긴 하지만 어떤 이들은 내가 조증에 대해 지나치게 애정을 가지고 글을 쓴 것 같다고 했다.

나의 정신병 경험이 실제로는 병이 아닌, 단순한 환영 상태 정도나 고도로 깨어 있는 의식의 형태가 아닌지 의문을 제기하는 사람들도 있었다. 책에도 썼듯이 조증 상태에서 내가 토성으로 여행을 갔던 일은 제정신일 때 돌아보면 분명히 병적인 증상이었다. 그러나 알고 보니 은하계에 간 여행을 생각하면 나는 그나마 조심성이 많은 편에 속했다. 저 멀리 화성과 토성으로 다녀온 여행에 대해 자랑스럽게 이야기하는 사람들도 많았다. 행성 여행을 정신병의 징후라고 생각하는 사람이 있는가 하면 일상적이고도 유용한 정신세계의 연장선상으로 보는 사람도 있었다. 그런 환상의 세계를 어떤 사람은 정신병이라고 생각하지만 어떤 사람은 선물이라고 생각했다.

이상한 사람이나 엽기적인 사람을 별로 이상하지 않다고 믿고 싶어 하는 사람들도 많다. 그런 생각은 한번 굳어지면 거의 바뀌지 않는다. 정신 이상과 정신 착란을 이해하는 데에는 수많은 방식이 존재한다. 그리스인들은 자신들이 스스로 설명할 수 없는 부분을 설명하기 위해 신의 존재를 상상했다. 왜 마음이 파괴되는지, 왜 희망이 바닥에 떨어지는지, 왜 삶에 대한 의지가 시들해지는지 그 이유를 찾고 싶은 것은 인간의 본성이다. 많은 사람에게 과학적인 설명은 이해하기 어렵고 그것은 환상이나 종교적인 설명보다 인간적으로 만족스럽지 못하다. 또한 그런 설명도 행성 혼돈이나 독소 또는 뒤틀린 어린 시절에 근거한 설명에 비하면 흥미롭지 못하다. 정신질환에 대해서 과학자나 의사가 알고 있는 지식과 대다수 사람들이 믿고 있는 신념 사이에는 상당한 차이가 있었다.

어떤 이들은 나에게 화를 냈다. 경제적인 안정, 나에게 지지를 보내는 친구와 동료와 가족이라는 혜택을 모두 누리고 있는 내가 무슨 불평을 할 권리가 있냐는 것이다. 내가 정신질환의 진짜 고통을 알지 못할 수도 있다는 것이다. 한 동료가 술김에 후배 동료 몇 명 앞에서 내가 '특혜받은' 환경에서 자랐기 때문에 양극성장애의 고통에 대해 글을 쓸 '자격이 없다'며 가차없이 비난했다. 그것은 주제넘은 말이었다. 나는 그 말이 몹시 부당하게 느껴졌다. 암의 고통과 마찬가지로 양극성장애의 고통도 그가 말한 '특혜'를 받은 사람이라고 해서 별반 다르지 않다는 설명을 정신의학 교수에게 설명해야 하는 상황이 상식적으로 말이 되지 않는 것 같았다.

그런 혹독한 평가를 받아 처참해진 기분을 풀어줄 수 있는 사람은 결국 리처드뿐이었다. 리처드는 그 편지들을 치우라며 이렇게 말해주었다. "나쁜 내용은 그냥 무시해버려. 꼭 다시 읽어야겠다면 한 주 정도 지난 뒤에 다시 읽도록 해." 리처드는 과학 논문에 대해 신랄한 비평을 받았을 때 시간이 지나고 다시 읽어보니 그 비평들이 그리 나쁘게 느껴지지 않았다고 했다. 그는 종종 친구들을 불러 단체로 저녁을 먹으러 가자고 제안했다. 친구들과 즐겁게 웃으면서 신랄한 논평이나 악의에 찬 비평에 대해서 같이 이야기를 나누다 보면 상처를 덜 받게 된다는 것을 알았기 때문이었다.

아주 힘든 시간을 겪고 난 뒤에 리처드는 동부 해안의 체사피크만으로 주말여행을 계획했다. 체사피크만은 어릴 때부터 내가 무척 좋아하던 곳이라 실의와 암울함에서 나를 구제해줄지도 몰랐다. 리처드는 거기 가서 다른 아무 것도 하지 말고 먹고, 자고, 걷고, 사랑만 나누자고 했다. 일이나 병, 그리고 책을 낸 것이 과연 잘한 일인지 일절 고민하지 않고 적대적인 편지에 대해서도 일절 생각하지 않기로 했다.

그 주말에 나는 리처드와 다시 한 번 사랑에 빠졌다. 그리고 리처드가 이미 알고 있었듯이 삶에 대한 사랑도 되찾았다. 하루는 리처드가 오후에 드라이브를 나갔다가 커다란 미루나무로 조각한 백조를 양팔에 하나씩 끼고 돌아왔다. 동부 해변의 공예가가 조각한 유인용 암수 한 쌍이었다. 정말 예뻤다. 백조는 한번 짝을 맺으면 평생을 함께 한다고 리처드가 말해주었다.

내 책을 본 사람들 중에 간혹 비난을 하거나 넘겨짚는 사람들도 있었지만, 대다수의 사람들은 내가 상상한 것 이상으로 호의적이었다. 수 많은 이들이 보내준 따뜻함과 관대함이 가혹한 태도나 비난을 압도했다. 사생활을 잃어서 불편하고 개인적으로나 직업적으로 불이익을 받을까봐 두렵기도 했지만 나 자신을 솔직하게 드러냄으로써 얻게 된 위안이 그런 불편함과 두려움을 없애주었다.

무엇보다도 많은 이들이 정신질환 환자를 노골적으로 차별하는 부당한 의료 시스템, 재정적인 파탄, 폭력, 그리고 무엇보다도 자녀나 배우자 또는 부모가 자살이라는 고통을 견뎌낸다는 사실에 강한 인상을 받았다. 나는 어디를 가든 정신질환이 남긴 잔해와 정신질환과 싸우는 사람들의 강인함, 회복력, 창의력을 목격했다.

정신질환으로 인한 파멸과 그것을 극복하는 강인한 정신력의 혼재는 정신질환과 싸우고 있는 학생들에게 가장 두드러지게 나타난다. 나는 책을 통해 특히 젊은 사람들에게 적극적으로 손을 내밀고 싶었다. 양극성장애의 발병시기가 18세 즈음으로, 학창시절이 가장 위험한 시기이기도 하고 또 나의 경우에도 그 나이에 조울병에 대한 공포와 불확실성 때문에 심한 고독감을 느꼈기 때문이기도 했다. 우울증이나 다른 정신질환에 걸린 학생들은 에너지가 넘치고 혈기왕성한 또래 학생들과 대비되는 자신들의 모습을 아주 예민하게 느낀다.

대학에서 정신질환이 있는 학생들을 중재하는 것은 불가능하다. 대개 학내 폭력이나 학생의 자살 같은 사건이 일어날 때에만 행정적인 차원에서 문제를 처리할 뿐 눈앞의 위기가 지나고 나면 생산적이고 근본적인 조치가 취해지는 경우가 거의 없었다. 아무런 효과가 없는 임기응변에 급급했다. 내가 만나본 모든 학교의 학생들은 정신질환으로 인해 느끼는 고통과 무력감뿐만 아니라 교수나 대학의 관리자들에게서 이해를 받지 못하는 점, 충분하지 못한 의료보험 혜택, 치료를 위한 휴학과 그 후 복학할 수 있을지에 대한 두려움, 자신의 행동이 룸메이트에게 얼마나 두려움을 주고 방해가 되는지에 대한 인식과 그에 따른 죄책감을 이야기했다. 우울증이 얼마나 광범위하게 퍼져 있는지, 항상 놀라울 따름이었다. 비서나 부서장, 축구 선수, 대학 총장이나 이사장, 음대생, 의학부 예과과정 학생, 경영학도 등 누구든지 우울증에 걸릴 수 있다.

정신질환을 앓는 학생들 대부분은 자살을 시도한 경험이 있었다. 그 학생들과 이야기할 때 나는 보통 자살 시도에 대해 부모님과 이야기해본 적이 있는지 물어본다. 그렇다고 대답하는 학생은 거의 없다. 그들은 한결같이 나에게 물어본다. "병이 재발하지 않을지 걱정 안 되세요? 어떻게 그렇게 쭉 건강을 유지하셨어요?" 그러면 나는 이렇게 대답한다. "당연히 걱정되지. 물론 날마다 걱정해. 하지만 걱정하는 건 좋은 거야." 나는 건강을 회복하는 것과 건강을 유지하는 것이 힘들긴 하지만 가능한 일이라고 말해준다. 나도 모르게 리처드가 나에게 늘 하는 말을 그들에게 똑같이 하고 있었다. '약을 먹어라. 자신의 병에 대해서 공부해라. 의사한테 물어봐라. 잠자는 것에 신경을 써라. 마약과 술에 대해서는 상식적으로 생각해라. 다른 사람들에게 다가가라.' 나는 양극성장애가 고약한 병이긴 하지만 그래도 지금은 걸려도 괜찮은 시기라고 말해준다. 지금은 과학이 빠르게 발전하고 있고 대중의 이해력도 어느 때보다 높아졌으며 운 좋게 조기에 병을 진단받고 치료할 수 있기 때문이다.

나는 공부와 경쟁과 사랑을 위해서 또 살기 위해서 몸부림치고 있는 이 학생들의 용기에 깊은 감동을 받았다. 부딪혀야 할 어렵고 예측할 수 없는 카드를 가지고 게임하는 학생들의 모습에 감탄하지 않을 수 없었다. 그들은 그 나이대의 많은 학생들이 당연하게 여기는 삶을 소중하고 감사하게 생각했다. 나는 식사를 하면서나 세미나에서 또는 강의 시작 전후에 학생들과 이야기를 나누는 시간이 즐겁기도 했고 그러면서 그들에게 배우기도 했다. 누군가 자신의 인생 이야기를 털어놓으며 신뢰를 보여주는 데에는 마법과 같은 힘이 있다. 나는 그들과 함께 하는 것만으로도 만족을 느껴 나의 개인적인 악몽과 약점을 공개한 데 대해서 한 치의 거리낌도 느끼지 않았다.

학생들은 따뜻한 마음과 지식으로 아픈 학교 친구들과 나에게 다가왔다. 샌프란시스코의 캘리포니아 대학 의대생들의 경우, 우울증이나 양극성장애로 고통을 겪고 있는 학생들이 자신들과 비슷한 문제를 가진 다른 의대생들과 직원들을 위해 지지 그룹을 만들었다. 그들은 그 그룹을 '레드필드 클럽' 이라 부르고 스스로 목숨을 끊은 인기 해부학 교수를 기리는 강의를 나에게 요청했다. 참 뿌듯했다. 내 이야기가 끝난 뒤 그들은 나에게 로버트 로웰(1917~1977, 미국 시인으로 고백시의 창시자)의 《인생연구》 초판본을 선물해주었다. 그것은 너무나 사려 깊은 선물이었다. 거기에는 몇 년간 내가 수업시간에 사용했던 시 몇 편이 들어 있었다. 그 중 한 시에서 로웰은 이렇게 썼다. "나는 제 정신이 아니다." "나는 나의 병든 영혼이 혈구 하나하나에서 흐느껴 우는 소리를 듣는다 / 마치 나의 손이 그것의 목에 있는 것처럼… / 나는 지옥에 있다." 그 의대생들에게서 받은 시집을 내 책상 위에다 두고 로웰의 지옥과 그들의 지옥을 떠올린다. 하지만 고통 자체보다는 고통에서 얻을 수 있는 좋은 것을 더 많이 생각한다.

대학생이나 대학원생 또는 의대생과 대부분 이야기를 나누었지만, 기분장애가 더 어린 어린이나 사춘기 청소년에게도 발병하기 때문에 그들과도 이야기했다. 어린이나 청소년의 기분장애는 어른과 같은 정도의 고통과 두려움을 경험하지만, 그 기분장애가 대개 젊은 사람들에게 더 심하기도 하고 병에 대해서 어른만큼 많이 알지 못하기 때문에 특별히 더 힘들어 한다.

어느 날 오후에 버지니아 북부에 있는 한 고등학교 졸업식 연설을 하러 갔다. 그 학교는 중증 정신질환을 앓는 학생들을 가르치는 특수학교로 9개 반이 있었다. 청중석은 초라했고 일반적인 졸업식과 달리 식장이 검은색 풍선으로 장식되어 있었다. 잘 나가는 워싱턴의 엘리트 사립학교에서 볼 수 있는 광경과는 판이하게 다른 모습이었다. 중증 정신질환을 앓는 아이들은 각자 자기만의 방식으로 지옥과 같은 고통을 경험하고 보통 사람보다 훨씬 오랫동안 고통을 겪는다. 그들에게 지옥이란 또래 아이들처럼 수학 과외나 라크로스(각각 10명의 선수로 이뤄진 두 팀이 그물채 같은 것으로 공을 던지거나 잡으며 하는 하키 비슷한 경기) 연습이나 첼로 레슨 같은 것으로 빚어진 것이 아니었다. 고통, 병원, 정신병, 자살시도, 약 이런 전혀 다른 세계였다. 또 한편으로는 기분 나쁜 유머의 세계, 당연하게 주어지는 것이 거의 없는 세계이기도 했다. 그러나 그 아이들은 용감하고 감탄할 만한 아이들이었다. 졸업생 몇 명이 졸업장을 받기 위해 단체로 행진을 하며 무대로 나왔다. 비뚤비뚤한 줄에 제각각인 발걸음으로 긁히는 소리가 나는 '위풍당당 행진곡'에 맞춰 행진을 했다. 내가 대중 앞에서 울지 않으려고 무척 애를 쓴 경우는 한 손으로 꼽을 수 있을 정도인데 그때가 그 중 하나였다. 정신질환은 청소년에게 치명적인 병이다. 하지만 그날 졸업하는 아이들의 얼굴에서 정말 대단한 용기를 볼 수 있었다.

몇 년 전 콜로라도에서 어린이 청소년 그룹과 이야기를 할 때 이 점을 절실히 느꼈다. 그 그룹에 속한 아이들의 나이는 일곱 살에서 열일곱 살 사이로 모두 양극성장애를 앓고 있었다. 우리는 우울증과 조증과 싸우고 불쾌한 부작용을 일으키는 약을 먹는 것이 어떤지, 집중해서 공부하는 것이 얼마나 힘든지, 이해해주는 친구와 가족을 만드는 것이 얼마나 어려운지에 대해 이야기했다. 그 아이들은 그런 것을 너무 어린 나이에 너무나 잘 알고 있었다. 우리는 희망에 대해서 또 어떻게 하면 양극성장애를 안고도 행복하게 살 수 있는지에 대해서도 이야기했다. 그것은 힘들지만 가능한 일이다. 나는 최선을 다해서 그 아이들의 질문에 대답을 했다. 그러고 나서 자리를 떠나려고 할 때 일곱 여덟 살쯤 되어 보이는 어린 남자아이 한 명이 다가오더니 내 손 위에다 자신의 손을 올리는 것이 아닌가. 그 아이가 나를 올려다보면서 물었다. "진짜 괜찮아요?"

나는 그 아이를 안았다. 나한테 기대어 흐느끼는 것을 느낄 수 있었다. 나는 이렇게 대답해주었다. "그래, 난 진짜 괜찮아. 너도 괜찮아질 거야." 그 아이는 믿기지 않는 모양이었다. 나는 핸드백을 뒤져 열쇠고리를 꺼냈다. 그러고는 여러 해 동안 가지고 다니던 플라스틱 벅스 버니 장식물을 뗐다. 그 벅스 버니는 토끼 다리가 두 개가 아닌 네 개나 있어서 엄청난 행운을 가져다주는 인형이라고 말해주자 아이가 씩 웃었다. 나는 아이에게 열쇠고리를 주면서 벅스 버니가 그에게도 나와 똑같은 행운을 가져다줄 것이라고 다시 한 번 확신을 주었다.

진짜 그렇게 되길 바랐다. 하지만 그 아이의 세계와 병은 그 아이의 방식으로 존재하는 만큼 나와 똑같은 행운이 그에게도 주어질지는 확신할 수 없었다.

내가 조울병 환자라는 사실을 공개한 지 6개월 뒤에 리처드와 나는 로마에서 결혼기념일을 보냈다. 마침 로마에서 리처드는 존 키츠(1795~1821, 영국 시인)의 200주년 강의 시리즈 중 의학 관련 연설을 하기로 되어 있었고 나는 로마의 아메리칸 아카데미(로마에 있는 연구 예술 기관으로 1913년 the American School of Architecture(1894년)와 the American School of Classical Studies in Rome(1895년)이 합병되어 탄생)에서 연설하기로 되어 있었다. 우리는 며칠 동안 정처 없이 함께 돌아다녔고 밤에는 친구들과 어울려 놀았다. 결혼기념일 당일에는 우리가 묵고 있던 하슬러 호텔 옥상에서 낭만적인 저녁식사를 했다. 그것은 다람쥐 쳇바퀴 도는 듯한 우리 생활 중에서 달콤한 휴식이었다. 오후 늦게 보르게세 공원에서 혼자 한참을 걷다가 호텔로 돌아왔을 때 리처드는 논문을 쓰고 있었다. 뭔가 다른 일로 바빴던 것이 분명했다.

리처드가 말했다. "당신을 위해 꽃을 좀 준비했어."

방을 둘러보았지만, 아무것도 보이지 않았다.

"그런데 당신이 찾아봐."

리처드는 환하게 웃었다. 마음이 무척 들떠 있는 듯했다. 나는 다시 한 번 방을 둘러보았지만 역시 꽃은 보이지 않았다. 마지막으로 욕실 문을 열어보았다. 하얀색과 분홍색 라벤더 꽃이 욕조에 가득 떠 있는 모습이 눈에 들어왔다. 리처드가 준비한 것은 기대 이상으로 너무나 아름다웠다. 그런데 꽃을 좀 더 가까이서 보니 이상하게 낯이 익었다.

역시 그랬다. 그 전날 키츠-셸리 기념관의 직원이 나의 강연에 대한 답례로 아름다운 장미와 라일락 꽃다발을 보내왔다. 내가 바깥에서 산책하는 동안, 리처드는 꽃병에서 꽃을 따서 물에다 띄워 놓은 것이다. 돈이 들지 않으면서도 참 리처드다운 행동이었다.

리처드가 잔뜩 기대하며 말했다. "계속 봐봐. 이번에는 무릎을 꿇어야 할 거야." 나는 장미 알레르기 탓에 숨을 헐떡였지만, 손과 무릎을 바닥에 짚고 욕조에 떠다니는 꽃을 바라보았다. 물에 젖은 손이 차가워지고 무릎도 아파왔지만, 나는 계속 그곳을 응시했다. 그러다가 결국, 무언가를 발견했다. 장미 가지에 클립과 고무 밴드로 붙여놓은 약병이었다. 그 약병 안에는 이런 메모가 적혀 있었다. "침대를 확인해봐." 그것은 리처드의 특기인 찾기 놀이가 시작됐음을 알려주었다.

엄청나게 큰 침대를 한참 동안 뒤진 끝에 작은 빨간색 상자를 발견했다. 그것은 로마의 보석상에서 온 상자였으며 실크로 된 상자 안에는 고풍스러운 금반지가 들어 있었다. 베개 밑에는 이런 메모가 있었다. "내 생의 가장 행복한 시간에 감사해." '읽기 장애' 가 있는 리처드가 힘겹게 손으로 휘갈겨 쓴 글씨였다. "당신 병에 대해서 이야기하고 글을 쓰느라 힘들었던 것 잘 알아. 난 당신이 참 자랑스러워. 남편으로서나 동료로서도 말이야."

다음날 아침, 리처드는 새로 선물한 반지를 트레비 분수의 물에 담갔다가 결혼반지 옆 손가락에 끼워주면서 말했다. 자기가 나와 함께 하지 못할 때는 이 반지가 함께 해줄 거라고. 행여 냉담한 침묵이나 혹독한 비난 앞에서 상처를 받게 되면 그 상처를 덜어줄 거라고. 워싱턴으로 돌아온 후 나는 쏟아지는 비난에 꼼짝할 수가 없었다. 그런 나를 리처드는 성실하게 보살펴 일어설 수 있게 해주었다. 상황이 좋으면 리처드는 아주 기뻐했고 그럴때면 우리는 정말 행복했다.

우리는 이탈리아에 있는 동안 계속 웃고 사랑을 나누었다. 우리의 행복이 영원할 것 같았다. 서로를 정말 가깝게 느낄 수 있는 시간이었기에 지금도 나는 확신이 필요할 때면 그때의 추억에 빠져든다. 나에게는 리처드가 있었고,리처드에게는 내가 있었다. 그걸로 충분했다.

영원할 줄 알았던 시간은 빨리 지나갔다. 사랑은 '리처드의 병이나 내 병이 재발하면 어쩌나. 둘 중에 누가 죽기라도 하면 어쩌나…….' 하는 두려움을 잊게 해주었다. 하지만 행복한 시간은 계속되지 않았다.

제 2 부

마지막 샴페인

의사가 샴페인 두 잔을 주문하여 환자와 조용히 마셨다. 의료상의 예의 때문이었다. 그 환자는 이제 막 회복의 가망이 없어진 의사였다. 그 샴페인의 의미를 짐작할 수 있었기에 그런 상황에서 어렵게 말할 필요가 없었다.

리처드 대번포트-하인즈

깨진 조각들

리처드가 호지킨병 4기 진단을 받은 것은 서른세 살 때였다. 1973년에 사형선고를 받은 것이다. 리처드의 가슴에서 커다란 종양이 급속도로 자라고 있었고 비장과 간, 뼈까지 암은 이미 퍼진 상태였다. 척추에 있는 악성 종양 때문에 척추뼈 두 개가 붕괴되어 있었다. 그때 리처드에게 이제 남은 일은 생명보험 증서를 꼼꼼하게 읽어보고 그가 진행하고 있는 실험에 대해 기록하고 세 살짜리 딸과 몇 개월 전에 태어난 쌍둥이 아들들에게 어떻게 작별인사를 할지를 생각하는 것밖에 없었다고 했다.

리처드의 동료들은 서부 해안으로 가서 헨리 카플란한테 진찰을 받아보라고 했다. 헨리 카플란은 스탠퍼드의 암 전문의로서 아주 공격적인 호지킨병 치료법을 개척한 사람이었다. 그 후 2년 동안 리처드는 다량의 방사선치료와 항암제치료를 받으며 목숨을 유지했다. 리처드는 그렇게 목숨을 유지할 수 있었던 것이 과감하고도 끊임없이 노력하는 담당 의사 덕분이라고 했다. 리처드는 그것을 카플란이 행한 '현세의 기적'이라고 표현했다. 그 기적은 고대의 신앙이나 기도에 의한 것이 아니라 의사가 행한 것이기에 리처드에게는 충분히 경이로운 것이었다. 유년 시절 리처드는 과학이 불가사의한 일을 할 수 있다고 믿었다. 의사가 보여준 그 기적은 리처드의 그런 믿음을 더 확고하게 해주었다.

리처드는 의학이 급격한 변화를 일으키기 시작하는 초기에 그 변화의 물결을 잘 탄 셈이었다. 그는 임상 과학자들, 특히 헨리 카플란 덕분에 그 이후에도 생명을 유지할 수 있었다. 리처드는 호지킨병 진단을 받은 후 거의 30년을 더 살 수 있었던 것은 선물이 아니라 의학이 이룬 놀라운 위업이라고 생각했다. 리처드는 방사선이 그에게 남긴 죽음의 씨앗을 부당하다고 생각하지 않았다. 그는 과학에게 얼마나 많은 은혜를 입었는지 잘 알았기에 담당 의사에게 진심으로 감사했다. 그런 근본적인 믿음은 흔들림이 없었다.

리처드는 20년 동안 잘 지냈다. 그 중 후반 10년 동안은 아주 건강한 상태로 지냈기 때문에 우리는 리처드의 병이 이미 다 나았고 앞으로도 계속 건강할 것이라고 안심하기까지 했다. 하지만 그다음 10년 동안은 건강하기는커녕 병에 시달렸으며 삶과 죽음 사이에 무언가 더 힘든 시간이 기다리고 있었다. 카플란이 시행했던 호지킨병 치료법은 훌륭했지만, 최첨단 과학이 종종 그렇듯이 완벽하지는 않았다. 방사선으로 리처드의 첫 번째 암은 치료했지만, 나중에는 그 방사선이 오히려 적이 되어 세 번에 걸쳐 리처드를 공격해왔다. 처음 두 번은 리처드를 거의 죽일 뻔하더니 세 번째에는 결국 그의 목숨을 앗아갔다.

그렇게 죽음을 늦추는 것이 가능한 일이라는 것을 우리는 알고 있었다. 백혈병과 다른 늦게 발병하는 암 환자를 방사선으로 치료하는 경우가 더러 있었다. 보다 최근에는 다량의 방사선 치료를 받았던 호지킨병 환자 중 상당수가 '조용한' 심장병으로 사망했다는 사실이 관찰되기도 했다. 리처드는 스탠퍼드의 초기 임상 실험 대상자 중 한 명이었기 때문에 담당 내과 의사가 심장 운동부하 검사를 지시했다. 그러나 그 검사는 하지 말았어야 했다. 우리가 결혼하기 전년도에 리처드는 존스 홉킨스 병원에서 심장학자들 사이에서 미묘하게 '과부 제조기' 라 불리는 좌전하행동맥, 99.9% 폐색을 치료했었다. 네 차례 입원한 끝에 리처드의 심장은 다시 건강하게 회복되었고 몇 년간은 건강하게 지냈다. 우리는 그전보다는 조심하긴 했지만, 처음 호지킨병을 극복할 때 이미 충분한 비용을 다 치렀다고 생각했다.

하지만 그것은 생각처럼 그렇게 간단하지 않았다. 1999년 여름 리처드는 갑자기 급속도로 위독해졌다. 순식간에 몸무게가 줄어들었고 호흡 곤란이 왔다. 이제 그는 내가 사랑했던 빠릿빠릿하고 호기심이 넘치는 리처드가 아니라 느리고 냉담한 사람이 되어 있었다. 리처드가 아닌, 다른 사람 같았다. 상태가 좋을 때 무척 좋아했던 《오즈의 마법사》의 '나쁜 마녀' 처럼 리처드는 이제 빠르게 사라지고 있었다.

내과 의사가 지시한 정밀 검사 결과 리처드의 간과 직장 벽과 폐에서 종양이 발견됐다. 어느 누구도 그 사실을 축소하려 하지 않았다. 하지만 그 절망적인 상황을 외면하려는 마음에 나도 모르게 종양학에서 진전되고 있는 연구에 대해 중얼거렸다. 내가 말을 하면서도 가능할 것 같지 않은 말이었다. 리처드는 믿을 수 없다는 듯이 나를 쳐다보았다. 종양이 리처드의 온몸을 빼곡하게 뒤덮은 상황이라 가망이 거의 없었다. 리처드와 나는 천성이 낙천적이었지만 상황파악이 안 될 만큼 어리석지는 않았다.

그날 밤 우리는 잠을 이룰 수 없었다. 걱정과 불안으로 서로에게 손을 내밀며 이야기하다 침묵하다가 불을 켰다 껐다 하며 뜬눈으로 밤을 지새웠다. 혹시나 두려움을 덜어줄 구절이나 통계가 있지 않을까 싶어 잠시 리처드의 옛날 의학 교과서를 뒤적여보기도 했지만, 암에 관한 부분은 터무니없이 시대에 뒤떨어진 이야기뿐이었다. 우리는 하나가 되어 상상할 수 있는 모든 상황을 가정해보았다. 절망을 피하기 위해 마치 고대의 포유류가 그랬던 것처럼 서로를 꽁꽁 휘감았다.

다음 날은 좀 나았다. 밤이 아니라 낮이라서 그렇기도 했고 그보다 더 나빠질 수는 없었기 때문이었다. 또 예비 생체검사 결과가 희망을 조금 주기도 했다. 리처드의 병이 전이성 종양이 아니라 림프종일 가능성이 있다고 했다. 나쁜 상황에서 그나마 림프종은 새로운 희망이었다. 적어도 살 수 있는 가망이 있었으니까. 존스 홉킨스의 동료가 다음 날 존스 홉킨스 병원의 암 전문의를 만날 수 있도록 약속을 잡아주었다. 나도 리처드처럼 의연하게 죽음을 맞이할 것이며 리처드를 위해서라면 무슨 일이라도 할 각오가 되어 있었다.

존스 홉킨스 병원에서 혈액암을 총괄하고 있는 리처드 앰바인더 과장은 리처드를 한 번 보더니 이렇게 말했다. "그래요, 어디가 아프신 것 같군요." 그 말은 우리의 신뢰를 얻기에는 부족했다. 솔직히 그다지 예리한 관찰은 아니었다. 그러나 앰바인더 과장은 명료하고 정확한 태도로 진단과 치료 가능성을 제시했다. 그러고는 염려스러운 태도로 리처드의 상황이 급속도로 악화되고 있다고 말하며 당장 적극적인 치료를 받지 않으면 리처드가 죽을 것이라고 했다. 우리는 앰바인더의 직설적인 태도와 유능함에 끌렸고 다소 안심이 되었다.

앰바인더는 존스 홉킨스 병원의 병리학자와 미국 국립보건원에 있는 동료에게 의견을 구해보겠다고 했다. 고형 종양이면 가망이 별로 없지만 자신의 추측대로 버키트 림프종이면 가망이 있다고 했다. 앰바인더는 리처드의 어깨를 붙잡고 존스 홉킨스 병원의 의료진이 잘 돌봐주겠다고 하고 나한테도 같은 말을 했다. 앰바인더는 리처드를 병실까지 직접 안내해주었으며 가는 동안 연구 관심사와 존스 홉킨스 의대생으로서 겪었던 공통된 경험에 대해 이야기했다. 몇 주 만에 처음으로 리처드의 눈에서 생기가 돌았다. 또 리처드가 진실로 믿고 있고 신념의 삼위일체 뿌리를 이루고 있는 의학, 과학, 존스 홉킨스에 깊이 다가가고 있는 것을 보았다.

앰바인더는 저녁에 병리학자가 진단소견과 치료방안에 대해 이야기할 것이라 했다. 모든 일이 빨리 돌아가고 모든 사람들이 제각각 할 일을 할 것이다. 앰바인더는 일을 일사천리로 진행했다.

그날 밤 병리학자가 왔다. 그는 리처드의 병이 버키드 림프종인 것이 확실시된다며 지금 당장 화학요법을 시작하지 않으면 리처드가 죽을 것이라고 앰바인더와 똑같은 말을 했다. 그가 리처드의 병과 그 예후에 대해서 꼼꼼하고도 직설적으로 말해주었기 때문에 우리는 비교적 쉽게 결정을 내릴 수 있었다. 그 병리학자와 앰바인더는 복잡하게 여러 가지 대안을 제시하지 않았다. 화학요법 외에는 달리 의미 있는 대안이 없었기에 시간을 낭비할 이유가 없었다.

앰바인더는 화학요법이 잘 듣는다면 리처드가 빠른 시일 내에 극적으로 호전될 것이라고 했다. 정말 그랬다. 그날 밤 나는 리처드의 침대 옆 의자에서 잠을 잤는데 다음날 아침에 일어나보니 리처드가 되살아나 나를 보고 웃고 있었다. 그렇게 빨리 회복된 것은 아니었지만 그래도 죽음의 그림자에서 한참이나 벗어난 듯했다. 리처드가 말했다. "이 의사 정말로 맘에 드네."

그렇게 화학요법에 극적인 반응을 보인 지 몇 주 뒤에 앰바인더는 말초 줄기세포 이식 수술을 권했다. 골수에서 혈류로 줄기세포를 모아서 빼낸 뒤에 저장하고, 남아 있는 암세포를 파괴하기 위해 8일간 아주 강도 높은 화학요법을 진행할 것이라 했다. 그러고 나서 보관해 둔 줄기세포를 정맥을 통해 이식하고 줄기세포가 증식하도록 자극을 하는 것이라고 했다. 앰바인더는 고통스러운 사실도 분명히 알려주었다. 리처드는 아주 위험성이 높은 수술을 받는 고위험 환자이기 때문에 사망 가능성도 분명히 있다는 것이다. 그러니 이제 죽음에 대해서도 생각을 해야 했다.

리처드는 오랫동안 아팠다. 머리카락이 빠지고 수도 없이 토하고 스테로이드 때문에 일시적으로 정신이 이상해지기도 했다. 하루는 뱀이 허물을 벗듯이 자기도 내장을 벗었다고 말했다. 항암 약물을 뇌척수 액으로 바로 주사했다. 리처드는 너무나 고통스럽고 괴로운 과정을 많이 견뎠다. 나는 그의 곁에서 단지 그 고통을 부분적으로 상상할 수 있을 뿐이었다. 그러면서도 리처드는 침착함을 잃지 않았고 또한 그 고통스러운 삶을 유지했다. 그는 인내심이 무엇인지를 몸소 보여주었다.

1999년 12월에 리처드는 골수이식을 받았고 암 앞에서 누구나 그렇듯이 우리는 기다려야 했다. 혈액검사와 정밀 검사 결과를 그리고 피할 수 없는 합병증을 기다렸다. 이식된 줄기세포가 리처드의 생명을 유지시켜줄 세포를 증식하고 있는지 보기 위해 기다리는 것이 가장 고통스러웠다. 정상적인 백혈구 수는 4천 개에서 만 천 개 사이인데 어느 한 시점에 리처드의 백혈구 수는 겨우 30개였다. 리처드는 그때까지 본 중에 가장 긴장하고 있었다. 이식이 실패했을 경우에 어떻게 되는지를 너무나 잘 알고 있었기 때문이었다.

리처드는 아프거나 걱정이 될 때면 늘 그렇듯이 내면으로, 자신의 상상 속으로 들어갔다. 하루는 기분 전환을 위해 자신이 아는 모든 강 이름을 댔고 또 다른 날은 별과 별자리 이름 또는 바이러스와 박테리아 이름을 대기도 했다. 몹시 힘들었던 어느 날 밤에는 어릴 때 가봤던 시카고의 필드 자연사박물관에 있는 공룡의 해골을 머리 속에서 하나씩 다시 끼워 맞추었다고 했다. 그러면서 건강이 어느 정도 회복되면서 기품이 있던 원래의 정신도 되찾았다. 어느 날 아침, 병실에 와서 리처드가 거의 밤새 자신의 병실만큼 큰 뇌를 상상하며 그 뇌를 탐사하기 시작했다는 사실을 알게 되었다. 그는 뇌 구를 건너 흑질 아래로 하강했다고 했다. 뇌의 흑질은 그가 연구했었고 특히 좋아했던 부분이다. 그는 뇌실에서 수영을 하고 시신경 위에서 펄쩍펄쩍 뛰었다고 했다. 리처드는 회복되고 있었다.

대부분 리처드는 잠을 잤고 나는 뜨개질을 하거나 그렇지 않으면 《셜록 홈즈》나 생텍쥐페리의 《우연한 여행자》를 리처드에게 읽어주었다. 리처드의 상태가 좀 괜찮을 때에는 애니 딜라드의 《자연의 지혜》를 읽어주었다. 그 책은 우리가 만난 지 얼마 안 됐을 때 리처드가 나에게 선물했던 책이다. 내가 '열광'에 관한 책을 쓰기 위해 공부하고 있던 자연주의자와 과학자에 대해 우리는 오랫동안 이야기를 나누었다. 내가 그랬듯이 리처드도 윌슨 벤틀리(1865~1931, 현미경에 카메라를 달아 1885년 최초로 눈 결정 사진을 촬영)와 그의 '눈송이' 세계에 푹 빠졌다. 병실에 들어서면 리처드는 눈 결정 사진 책을 가슴 위에 펼쳐놓고 잠들어 있거나 침대 옆에 놔둔 경우가 많았다.

리처드는 동지에 퇴원했다. 아주 허약한 상태였지만 병원 벽이 아닌 다른 것들을 볼 수 있어서 좋아했다. 우리는 크리스마스 무렵에 존스 홉킨스 병원 근처에 있는 발티모어 호텔에서 지냈다. 외래환자 집중 관리를 받기 위해서였다. 리처드의 몸과 면역체계는 너무 약해진 상태라 무척 힘든 시간이었지만 우리는 곧 묵시적으로 서로 조화를 이루었다. 매일 아침 함께 암 클리닉에 가서 피를 뽑고 기다렸다가 그날의 숫자를 확인했다. 숫자는 제각각 너무 높거나 너무 낮아 눈에 띄거나 걱정거리를 안겨주었다. 우리는 다른 암 환자들과 이야기를 나누었다. 그들과 이야기하는 것이 좋았고 그러다 보면 마음이 따뜻해졌다. 오후가 되면 방으로 돌아와서 캐럴을 듣거나 리처드가 잘 때면 나는 책을 읽었다. 밤이면 우리는 함께 기분 좋게 누워서 크리스마스 분위기와 옆에 있는 서로의 온기에서 기쁨을 느꼈다.

리처드의 상태는 좋아졌고 몸무게도 다시 늘었다. 우리는 희망을 되찾았다. 한순간의 열이나 그날의 피로에 대해 걱정을 덜 했으며 한참만에 다시 사랑을 나눌 수 있게 되었다. 천천히 조금씩 삶을 되찾기 시작했다. 줄기세포를 이식받은 지 몇 달 뒤, 어느 날 존스 홉킨스 병원에 정기검진을 받으러 가서 앰바인더가 리처드의 가장 최근 실험 테스트와 정밀검사 결과를 알려주기를 기다렸다. 당연히 낙관적으로 생각해야 했지만 암 전문의의 진료실에서 결과를 기다리자니 희망보다 공포가 앞섰다.

앰바인더가 진료실로 터벅터벅 걸어오며 미소를 보였다. 좋은 신호였다. 앰바인더는 원래 잘 웃는 사람이 아니었으니 말이다. 앰바인더가 리처드에게 말했다. "괜찮아 보이네요. 당신이 이긴 것 같습니다." 리처드와 나는 평소 앰바인더의 더 무덤덤한 태도와 미묘한 염세주의에 익숙해져 있었다. 우리는 그의 말이 믿기지가 않아 그대로 앉아 있다가 조금 뒤에 그의 말이 서서히 이해되었다.

그 말할 수 없는 기쁨의 순간을 영원히 잊지 못할 것이다. 리처드가 나를 보고 미소를 지었고 나도 그에게 미소를 보냈고 우리 둘은 앰바인더에게 그리고 앰바인더는 우리에게 미소를 보냈다. 그동안 우리가 찾을 수 있는 최고의 의사와 함께 끔찍하고도 끈끈한 여행을 한 셈이었다. 리처드가 심각한 병과 극도로 위험한 치료를 견딜 수 있도록 앰바인더가 여행길을 잘 이끌어주었다. 앰바인더는 직설적이고 임상적인 면에서 예리했으며 친절했다. 책임질 수 없는 약속은 하지 않았으며 의사로서 완벽한 모습을 보여주었다. 내가 가장 필요로 하고 가장 사랑하는 사람의 목숨을 구해준 앰바인더에게 무한한 감사와 경의를 느꼈다. 리처드는 그때까지 스탠퍼드의 헨리 카플란에게만 느꼈던 종류의 경의를 앰바인더에게도 표시했다. 리처드는 앰바인더를 '의사 중의 의사요 과학자 중의 과학자'라고 했다. 그것은 리처드가 할 수 있는 최고의 찬사였다.

리처드의 건강이 그렇게 호전된 것은 존스 홉킨스의 나머지 의료진과 간호진 덕분이기도 했다. 더 포괄적으로 말하자면 훌륭한 가르침을 주는 존스 홉킨스 병원 자체에 우리가 큰 빚을 진 셈이다. 리처드는 의사로서 자기가 하는 일은 전적으로 존스 홉킨스에서 배운 것이라고 확신했다. 나의 경우에도 입학한 날부터 지금까지 쭉 존스 홉킨스를 사랑해왔다. 우리 부부는 존스 홉킨스에 강한 애정을 가지고 있었다. 가끔 둘 중에 누가 병원에서 강연을 하거나 대 집담회에 참석하고 나서는 거기서 경험했던 것을 존스 홉킨스에서 했던 경험과 비교했다. 주관적인 의견일지 모르겠지만, 우리가 보기에는 존스 홉킨스와 비교할만한 데가 없었다. 물론 다른 의대에도 훌륭한 과학자나 뛰어난 의사가 있다는 사실을 인정하기도 했지만 결국 리처드는 존스 홉킨스를 향한 애정 어린 말투로 이렇게 말하곤 했다. "잘 모르겠지만, 그냥 존스 홉킨스에는 뭔가 특별한 게 있어." 존스 홉킨스에 대한 느낌을 표현할 때 우리는 이 표현을 여러 번 사용했다. 복잡한 비교와 긴 말 필요없이 이 말 한마디면 충분했다.

앰바인더와의 미팅이 끝난 뒤 우리는 그 순간을 기념하기 위해 무언가를 해야겠다고 생각했다. 신자라면 병원 안에 있는 예배당에 들렀을 것이다. 리처드는 유대인이었지만 신자가 아니었기에 대신에 이런 제안을 했다. "허드 홀에 가보자." 우리는 존스 홉킨스의 위대한 의료 교육의 현장인 계단식 강당에 함께 앉았다. 리처드와 내가 가르치기도 하고 배우기도 했던 바로 그곳이었다. 우리는 각자 생각에 잠겨 조금 전에 앰바인더에게서 들었던 말을 이해해보려 했다. 둘 다 아무 말도 하지 않았다. 단지 평화와 정적만이 흘렀다. 마침내 리처드가 나를 안고 강당을 다시 둘러보며 말했다. "난 여기가 정말 좋아." 그러고 나서 우리는 집으로 갔다.

그후 몇 달 동안 우리는 미래를 되찾았다. 리처드는 과학에 몰두했고 우리는 친구들을 자주 만났으며 취소할 염려 없이 강의일정을 잡았다. 리처드는 정신분열병을 연구했고 다시 환자를 보기 시작했다. 나는 기쁜 마음으로 다시 열광에 관한 책을 쓰기 시작했다. 우리는 잃어버린 시간과 지키지 못한 약속을 보상하기 시작했다. 그 시간은 마법같은 한 때였다. 평화롭고 사랑과 감사로 충만한 시간이었다. 그러나 그 시간은 계속될 수도 있었으면 좋았으련만 계속되지는 않았다.

앰바인더와 축하 미팅을 한 지 6개월 뒤에 리처드는 존스 홉킨스 병원에 추적 진료를 받으러 갔다. 앰바인더는 최근에 한 정밀검사 결과가 좋지 않다고 했다. 리처드의 폐에 큰 덩어리 하나가 있는데 암 같다고 했다. 앰바인더가 흉부외과 전문의에게 소견을 구한 결과, 암이 아닌 것으로 나왔지만 리처드와 나는 안심이 되지 않았다. 불행하게도 우리는 앰바인더의 임상적인 직감을 믿었다. 우리는 더 많은 협의와 폐 생체검사 결과를 기다려야 했다.

우리는 지난번 버키트 림프종을 진단받았을 때 빠졌던 어둠 속으로 또다시 떨어지는 것 같았지만 폐암인지 아닌지 확실한 결과가 나올 때까지는 원래 생활하던 대로 잘 지내려고 노력했다. 친구들을 만나고 일을 하거나 사랑도 나누었다. 그렇지만 밀려오는 두려움과 공포는 어쩔 수 없었다. 무엇을 하든 불확실성이 우리와 함께 했다. 중요한 일을 할 때마다 순간순간 싸늘한 두려움과 차마 입 밖으로 낼 수 없는 의문이 생겨났다. '이것이 마지막일까? 시간이 얼마나 남은 걸까? 리처드는 어떻게 죽게 될까? 언제? 어디서?'

앰바인더의 진단이 틀렸을 가능성도 있었다. 우리는 그 실낱같은 가능성 덕분에 잠시 버틸 수 있었다. 11월 말이 지나고 금방 12월이 되었다. 12월은 리처드와 내가 가장 좋아하는 계절이었다. 우리는 특히 워싱턴의 12월을 좋아했다. 우리는 늘 해왔던 대로 지냈다. 나는 엄마와 같이 크리스마스 트리와 향나무 리스를 사서 조명을 매달았다. 여느 해처럼 캐럴을 듣고 〈주교의 부인〉을 보았다. 또 다른 미국인들과 함께 미국 연방대법원에서 부시와 엘 고어의 대결 결과가 나오기를 기다렸다. 그리고 기다리던 리처드의 폐 생체 검사결과가 12월 중순에 나왔다. 그 결과는 명확했다. 폐암으로 진단됐으며 양쪽 폐 모두 암이 퍼져서 수술이 불가능한 상태였다.

결과를 듣자마자 우리는 마비상태였고 곧바로 충격에 빠졌다. 마비와 충격이 한 시간 정도 우리를 보호해주었으나 그 이후는 악몽의 연속이었다. 나는 스카치 위스키를 한 잔씩 따른 다음 침대로 기어가서 리처드와 서로 안고 이야기를 했다. 우리는 삶의 어려움을 불공평하다고 보는 성격이 아니었다. 좋은 친구들과 여러 가지 기회를 얻고 서로를 만난 것 모두가 엄청난 행운임을 한 번도 의심하지 않았다. 하지만 그날은 예외였다. 그날 처음이자 마지막으로 불공평하다는 말을 했다. 수개월 동안 화학요법과 골수 이식, 그리고 끔찍한 불안을 이겨내고 이제 겨우 일상으로 돌아온 시점에 폐암이라니, 그건 정말이지 불공평했다. 우리는 림프종과 싸우느라 비축해놓은 감정 에너지를 다 써버렸고 병에서 회복됐다는 것을 알자마자 그 기억을 최대한 빨리 잊었다. 그리고 다시 열린 미래를 꿈꾸며 걱정을 날려버리고 보다 가볍고 쉬운 삶에 적응해가고 있었다. 자연스럽게 사랑을 나누고 어색하지 않게 웃기 시작하려던 참이었다. 힘든 시간을 겪으면서 이제 우리는 죽음과 관련된 역설로는 거의 장난을 치지 않았다.

그날 밤은 참 길었다. 나는 거의 제대로 자지 못하고 계속 리처드에게 손을 뻗고 그의 어깨에 얼굴을 파묻고 그의 숨소리를 들었다. 리처드는 나보다 이성적인 성격인지라 엄청난 양의 진정제를 먹고 깊이 잠이 들었다. 다음날 아침에 우리는 어떻게 하는 것이 최선인지 이야기했다. 폐암 환자는 평균 6개월까지 살 수 있다고 하지만 우리 누구도 리처드의 남은 시간을 알 수 없었다. 우리는 항상 함께 있으면 즐거웠기에 죽음이 우리에게서 그 즐거움을 앗아가지 못하게 하기로 했다. 그 와중에 필사적으로 찾은 한 가닥 희망은 그나마 지금까지보다 서로 함께 할 수 있는 시간을 더 많이 가질 수 있다는 사실이었다. 그 사실이 위안이 될 것이었다.

그럭저럭 오전과 오후가 지나갔다. 아마도 모르는 사이에 지나갔을 것이다. 나는 벽난로에 불을 피우고 크리스마스 캐럴을 틀었다. 그리고는 리처드에게 음악, 와인, 벽난로 앞에서의 저녁식사로 낭만적인 밤을 준비했으며 무슨 일이 있어도 그가 원하기만 하면 나는 언제든지 그의 여자라고 말했다.

리처드가 기침하기 시작했다. 아주 심하고 격렬한 기침이었다. 공황상태가 된 나는 바로 최악의 사태를 떠올렸다. 우리에게 남은 시간이 생각했던 것보다도 더 짧은 것인가? 나도 몰랐던 삐딱한 생각이 올라왔다. '아 그만! 왜 이렇게 한꺼번에 괴롭히는 거야? 하늘도 무심하지.' 하지만 그것은 조급한 생각이었다. 리처드는 필사적으로 벽난로를 가리켰다. 연기가 순식간에 벽난로를 채우더니 곧 거실과 집 전체를 가득 채웠다. 꼭 영화 〈아덤스 패밀리〉 속의 악몽 같았다. 다람쥐가 굴뚝 속에 둥지를 튼 모양이었다. 우리가 불을 피우는 동안 다람쥐가 구워지고 있었던 것이다.

리처드와 나는 허둥지둥 꼭대기 층으로 올라갔다. 캐럴이고 낭만이고 다 물 건너갔다. 사랑의 밤을 위한 나의 계획은 연기와 함께 사라져버렸다는 생각에 나는 몹시 슬펐다. 첫 번째 밤부터 이렇게 망쳐버렸는데 앞으로 몇 달 동안에는 또 무슨 일이 벌어질까?

리처드가 내 기분을 알아차리고는 나를 안아주었다.

"불 피워줘서 고마워." 리처드는 이렇게 말하고는 잠시 말이 없었다.

"근데 연기가 발암 물질인 거 알고 있었어?" 그가 물었다.

순간 끔찍한 침묵이 흘렀다. 잠시 후 나는 리처드가 웃는 것을 보았고 우리는 둘 다 웃음을 터뜨렸다. 우리는 알 수 없는 무서운 어떤 것을 향해 가고 있었지만 적어도 둘이서 함께 한다면 이겨낼 수 있을 것이라 생각했다. 그리고 또 리처드의 위트가 우리를 도와줄 것이다.

심각한 리처드로 인해 우리는 꼭 필요한 것에만 집중할 수 있었다. 나는 집에서 리처드를 돌보기 위해서 될 수 있으면 강의와 학교 관련 일정을 취소했다. 리처드와 나는 다보스, 런던, 로마 출장을 취소하고, 몇 주 내에 로스앤젤레스에는 원래 계획대로 가기로 했다. 로스앤젤레스는 가까운 친구들과 가족이 있었고 책도 보고 쉴 수도 있었다. 해변을 따라 산책을 할 수도 있었다. 리처드는 아직 살아 있었다. 우리는 그 이상의 계획은 세우지 않았다.

말할 것도 없이 크리스마스 시즌은 슬펐지만, 또 한편으로는 좋은 시간이기도 했다. 우리는 평소보다 더 자주 웃었고 서로에게 좀 더 절박하고 애틋하게 다가갔다. 함께 하는 마지막 크리스마스라는 생각에 그 해 크리스마스는 더욱 소중하게 느껴졌다. 이상하게도 우리는 평소와 별 다름없이 지냈다. 곧 죽음을 맞이하리라는 사실을 알면서도 웃고 사랑하고 감사했다.

크리스마스를 일주일 앞두고 우리는 조지타운에서 친한 친구 밥과 메리 제인 갈로와 저녁을 먹었다. 그 친구들은 리처드가 화학요법과 골수 이식을 받았던 그 기나긴 몇 달 동안 우리에게 정말 잘해주었다. 밥은 바이러스학 전문가이자 에이즈 연구자였다. 밥은 리처드와 과학 이야기를 하다가 갑자기 말을 멈추고는 리처드를 정면으로 바라보며 이렇게 말했다. "다행이야. 너 얼굴 진짜 많이 좋아졌다." 나는 심장이 철렁 내려앉았다. 그날은 존스 홉킨스의 병리학자가 폐암 진단을 내린 바로 이틀 뒤였다. 우리는 친구들과 동료들에게 어떻게 이야기해야 할지 아직 고민 중이었다.

결국, 리처드가 친구들에게 진단 결과를 알려주었다. 밥은 총 맞은 것처럼 멍해 보였고 한동안 그답지 않게 아무 말도 하지 않았다. 밥과 리처드는 둘도 없는 사이였다. 밥은 베데스다의 국립보건원 부속 국립암연구소 검사 실장으로 수십 년 동안 일을 했었다. 둘 다 의사였으니 최근 골수이식을 받은 이후에 수술할 수 없는 폐암을 진단받은 것이 무엇을 의미하는지는 굳이 말할 필요가 없었다. 밥은 그 사실을 다 받아들이는 것 같았고 리처드는 그런 밥을 묵묵히 바라보고 있었다.

얼마간의 침묵 속에서 먼저 입을 연 사람은 밥이였다. 그는 리처드에게 집에 가는 대로 생체검사 결과를 팩스로 보내고 담당 병리학자에게 생체검사 때 얻은 생존 가능한 세포를 자기한테 좀 보내라고 전해달라고 했다. 밥은 다른 과학자들과 암 전문의들과 상의해서 어떤 실험적인 조치가 도움이 될지 알아보겠다고 했다. 최근에 밥의 실험실에서 세포사를 촉진하는 자연 발생 합성물을 합성해냈다. 밥은 그 합성물을 이용해서 암세포 증식을 막을 수 있을지도 모른다고 생각했다. 그러기 위해 리처드의 폐에 있는 세포를 면역 체계 없는 유전자 처리된 쥐에서 배양하자고 제안했다. (이 쥐들은 나중에 '작은 리처드'라고 불렸다. 한동안 종양은 예상대로 빨리 자랐다가 죽었고 그 뒤에는 그러지 않았다.) 밥은 리처드가 걸린 폐암을 철저히 연구하고 실험적인 백신 유전자 요법 전문가들과 상의하고 또 국립암연구소, 하버드의 다나 파버 암 연구소, M.D. 앤더슨 암 센터, 슬론 케터링 암 센터에 있던 동료들에게 전화를 하겠다고 했다. 그리고 존스 홉킨스의 리처드 담당 암 전문의와도 즉시 이야기를 해보겠다고 했다.

그날 저녁, 우정과 와인, 그리고 희박하지만 과학이 리처드의 암을 물리쳐줄지도 모른다는 가능성으로 우리의 눈앞에 닥친 미래에 희망을 주었다. 친구들이 우리를 격려해주었고 과학에 대한 믿음이 완전한 절망에 빠지지 않게 해주었다. 그것은 친구들과 동료들과 낯선 이들이 친절하게 보내준 수많은 유능한 조치들로 표시된 탐구 여행길의 시작이었다. 그리고 의학적으로 위독한 상황에서 리처드를 구하기 위해 떠난 여행이었다. 그것은 희망이 죽음 옆에 그런대로 존재할 수 있고, 삶과 죽음의 가능성이 뒤섞이고 끊임없이 변하는 시기였으며, 과학이 놀랄만한 결과를 제시할 수는 있지만 보장할 수는 없는 시기였다.

허황된 희망과 합당한 희망 사이에서 길을 찾고, 리처드의 생명을 구해줄지도 모르는 새로운 지식을 이용하면서도, 한편으로는 리처드가 죽어가고 있다는 피할 수 없는 사실을 인식하는 것은 무척 힘든 일이다. 진실은 진실이며 결국 진실을 받아들일 수밖에 없을 것이다. 진실을 받아들이는 것이 제일 먼저 해야 할 일이었다. 우리는 온갖 검증되지 않은 새로운 치료법을 좇아다니며 헛수고하고 싶지 않았지만, 리처드의 목숨을 구하거나 연장할 수 있는 가능성을 탐색하는 것을 포기하고 싶지도 않았다.

암울했지만 나름대로 좋았던 그 해 크리스마스를 돌아보면, 서로를 향한 다정함과 사랑, 그리고 넓은 마음으로 우리에게 손을 내밀어 주었던 친구들과 동료들의 따뜻한 마음이 느껴진다. 불쑥불쑥 엄습하는 두려움은 한순간 혹은 한참 우리를 마비시켰지만, 종종 그 두려움은 전혀 다른 것으로 바뀌기도 했다. 사랑과 우정, 그리고 남은 시간이 얼마 되지 않는다는 인식이 있었기에 그나마 완전한 절망에 빠지지 않을 수 있었다. 리처드는 우리 거실에서 연구실 회의를 진행했고 늘 그랬듯이 이른 아침부터 열심히 일을 했다. 나는 크리스마스 쿠키를 굽고 우리가 여러 해에 걸쳐 모았던 장식물로 크리스마스 트리를 장식하면서 가슴이 미어졌다. 나뭇가지에 생강빵으로 만든 눈송이와 유리 막대기 사탕을 매달고 푸에르토리코에서 개최된 학회에서 얻은 점토로 만든 못생긴 앵무새와 런던에서 함께 있을 때 구한 수제 유리 공 여섯 개를 매달았다. 트리에 매단 장식품 중에서 추억이 담기지 않은 것은 반짝이 줄 뿐이었다. 리처드는 매년 하던 것처럼 트리 꼭대기에 천사를 올렸다. 하지만 그 해에는 내가 도와줘야 했다. 허약해질 대로 허약해진 리처드의 몸이 나에게 기댔을 때, 그의 떨림이 느껴졌다. 순간, 깜짝 놀란 우리는 서로를 쳐다보다가 동시에 껴안았다. 리처드가 죽어가고 있다는 것을 알면서도 앞으로 어떤 일이 닥칠지에 대해서는 거의 아무것도 모르는 상황에서 서로가 그전보다 훨씬 가깝게 느껴졌다.

우리는 거의 매일 차로 록크리크공원을 둘러보았다. 록크리크공원은 우리 집에서 한 블록도 안 되는 거리에 있는 멋지고 아름다운 공원이다. 공원에 가면 우리는 사슴을 찾았다. 사슴은 리처드가 한눈에 찾아내는 동물이었다. 그러고는 개울을 따라갈 수 있는 데까지 갔다. 도중에 공원 도로에서 헤매고 있는 상자 거북을 구해주었다. 또 공원의 복잡한 길 비깥에서 전에는 몰랐던 장소들을 발견하고는 새삼 그 순간 공원이 우리에게 주는 아름다움에 빠져들었다.

그전에는 미처 몰랐던 아름다움이었다. 우리에게 즐거움은 없어서는 안 되는 것이 되었다.

하루는 우리가 여러 해 살았던 조지타운의 옛날 집을 찾아갔다. 집 밖에 차를 세우고 차 안에 앉아서 앞마당에 함께 만들었던 작은 연못을 바라보았다. 리처드와 나는 연못을 만들고 가꾸는 과정에서 서로의 차이점에 대해서 배우게 되었다. 연못을 완성한 후에 그 연못으로 무엇을 할지 의논하는 동안 차이점이 똑똑히 드러났다. 우리는 연못에 넣을 수련을 사기로 했다. 그래서 메릴랜드에 있는 수련 농장을 가게 되었다. 리처드와 나는 둘 다 그런 부류의 작은 모험을 무척 좋아했다. 둘 다 수련에 대해서는 전혀 몰랐기에 그냥 예의바른 영업사원에게 우리 연못 크기를 설명했다.

리처드가 말했다. "하나면 충분할 것 같습니다."

"제 생각에도 그렇습니다." 영업사원이 말했다. "두 개는 그 연못에는 많을 수도 있어요."

"저 사람은 최소 일곱 여덟 개는 원할 텐데요." 리처드가 내 쪽으로 고개를 끄덕이며 말했다. "세 개 사볼까?"

우리는 수련 모종 세 개를 사서 내 무릎에 올리고 수련에 대해서 몰랐던 사실에 대해서 이야기를 하며 워싱턴으로 돌아왔다. 잠시 침묵이 흐르고 리처드가 말했다. "근데 금붕어로 연못 넘치게 할 건 아니지?"

"당연하지!" 나는 발끈하며 말했다. "연못에 적당한 만큼만 넣을 거라고." 리처드를 바라보자 의심스럽다는 표정이더니 이내 웃음을 터뜨렸다.

그리고 말했다. "그래, 상상이 간다. 주위에 있는 네 발 달린 건 다 먹여야 할걸."

금붕어를 넣는 것은 내가 결정하기로 했다. 나는 연못에 수련이 모자란다고 생각했던 터라 최소한 백 마리는 사서 연못에 넣었다. 여름이 두 번 지나가기 전에 수련은 연못을 덮었고 연못가에 있는 바위까지 뒤덮을 기세였다. 간혹, 벼락에 튀겨진 금붕어가 물 위로 뜨는 일이 일어나고는 했지만 금붕어는 쑥쑥 잘 불어났다.

하루는 저녁에 리처드가 반쯤 먹히다 만 금붕어 한 마리를 부엌으로 갖고 오더니 내 눈앞에다 흔들면서 이러는 것이었다. "축하해. 우리가 너구리한테 야외 만찬을 차려줬네. 그놈들이 여기서 먹고 친구들한테도 알리고 글쎄 길에다가도 한 마리 물어다 줬더라고." 연못의 금붕어가 계속 불어나자 너구리들이 거기서 계속 물고기를 잡아먹었다. 그리고 그 뒤로 어떻게 됐는지는 듣지 못했다. 그로부터 몇 년이 지난 그때 리처드에게 수련을 사러 갔던 것과 내가 연못에 넣으려고 무지하게 많은 금붕어를 샀던 것을 기억하냐고 물었더니 리처드가 크게 웃으며 대답했다. "어떻게 기억을 못 하겠어?"

작은 물고기 연못이 있는 우리의 옛날 집 앞에서 차 안에 앉은 우리는 하늘에서 내리던 아름다운 눈송이를 바라보던 그 순간까지만 해도 웃음이 얼마나 환상적인 것인지, 우리가 아주 쉽게 많이 웃을 수 있었던 것이 얼마나 행운이었는지 제대로 알지 못했던 것 같다.

크리스마스 당일은 조용하고 가깝게 엄마와 우리끼리 보냈다. 우리는 커피를 마시고 트리 앞에서 선물을 열어보았다. 지금은 청소를 해서 깨끗한 벽난로는 리처드가 항상 나를 놀려먹는 소재가 되었다. 리처드는 나에게 로드아일랜드 뉴포트산 금귀걸이를 선물하며 이런 쪽지를 같이 주었다. “좋을 때나 나쁠 때나 항상 하도록 해.” 그 뒤 몇 달, 몇 년 동안 딱 그 말대로 했다. 그 귀걸이가 나의 기분과 예상의 길잡이가 되었는데, 안 좋은 날에는 부적이요, 좋은 날에는 희망과 기쁨의 표지가 되었다. 우리는 친구들과 저녁을 먹고 차를 타고 집 근처를 돌아다니며 창가에 밝혀진 크리스마스 트리와 어둠에 맞서는 기쁨의 조명을 구경했다. 그 해 크리스마스는 전체적으로 괜찮았다.

우리는 위스키 한 잔과 쿠키와 공포의 전율로 새해를 맞이했다.

앰바인더는 존스 홉킨스의 폐암 전문가 데이비드 에팅거에게 리처드의 치료를 넘겼다. 데이비드 에팅거는 좋은 의사였다. 그는 우리가 조언을 구한 전국의 병원과 연구소의 수많은 의사와 과학자들의 의견에 열린 자세를 보였다. 조언을 구한 사람 중에는 우리의 오랜 친구인 콜드 스프링 하버 연구소의 짐 왓슨과 메릴랜드 대학의 인간 바이러스 연구소 소장인 밥 갈로도 포함되어 있었다. 짐은 수많은 과학자와 연락하여 미공개 임상실험 결과를 찾아내서 자기 연구소의 실험적인 암 치료법 관련 회의에 참석할 수 있도록 나를 초

대해주고 하버드의 주다 포크만도 소개해주었다. 리처드와 나는 주다 포크만이 제안했던 치료법 덕분에 리처드가 몇 달간 목숨을 연장할 수 있었다고 믿었다.

밥 갈로는 수많은 암 전문의들, 유전자 치료자들, 백신 연구자들과 이야기를 하고 자신의 연구소에서 리처드의 악성종양 세포를 배양했다가 죽이려는 시도를 계속했다. 또 국립암연구소의 저명한 암 백신 과학자인 제프 쉴럼(Jeff Schlom)을 소개해주었다. 제프와 그의 부인 캐슬린(Kathleen)은 리처드와 나에게 너무나 많은 도움을 주고 친절히 대해 주었다. 그 부부는 아주 가까운 친구가 되었다.

겨울과 2000년도의 봄이 지나가고, 계절은 우리의 시간에 대체로 조용한 리듬을 가져다주었다. 우리는 침실 건너편 방에서 오전과 오후를 보냈다. 그 시간에 빛이 가장 잘 드는 그 방은 우리만의 개인적이고 조용하고 방해받지 않는 공간이 되었다. 리처드는 나의 맞은편 의자에 앉아 노트북으로 일하고, 나는 글을 읽고 쓰거나 뜨개질을 했다. 또는 지금 작업 중이던 슬슬 쌓여가는 열광에 관한 책 원고를 살펴보았다. 내 처지에 열광이라는 주제로 글을 쓰다니 이상했다. 리처드는 과학 논문을 쓰고, 단편인 《암 이야기》도 쓰고 있었다. 그 책은 림프종과 폐암을 겪은 자신의 경험담을 쓴 책이다. 저녁에는 그와 함께 친구들과 식사를 하거나 영화를 보거나 책을 읽거나 했다. 늦은 밤에 리처드는 서재로 들어가서 일을 하느라 새벽까지 방에서 나오지 않는 경우가 많았다.

에팅거를 만나러 존스 홉킨스 병원에 가는 날이면 보통 우리 일상의 고요함이 산산이 부서졌다. 병원까지 운전하는 동안, 그리고 도착해서 기다리는 내내 불안의 연속이었고 에팅거와 이야기를 하고 나서 심란하지 않다 싶으면 어느새 불안감이 엄습했다. 우리는 병원에서 아주 많은 시간을 보냈다. 리처드가 혈액 검사와 정밀 검사를 받는 동안 나는 뜨개질로 휘감긴 튤립 모양의 직물 벽걸이를 만들었다. 지금은 그 벽걸이를 제대로 쳐다볼 수도 없다. '주사실'에서 리처드가 화학요법을 받는 동안은 내 기분이 그래도 좀 나았다. 조금 지나면 이상하게 느껴지지 않았다. 리처드는 《해리포터》 책을 테이프로 들었고 나는 책을 읽거나 뜨개질을 했다. 우리는 손을 잡기도 했고 다른 환자들이나 그들의 가족들과 이야기하기도 했다.

인생은 정해진 대로 흘러갔다. 2001년 봄 리처드는 그런대로 괜찮다고 느꼈지만, 정밀검사 결과 폐에서 악성종양이 천천히 자라는 것이 보였다. 어느 시점이 되자 화학요법이 아무 효과가 없다는 것이 분명해졌고 그래서 우리는 실험적인 치료 대안들을 찾았다. 조지타운 대학교의 백신 전문가와 상의를 했다. 그는 리처드가 최근에 골수이식을 받았기 때문에 백신을 시도하기에는 적합하지 않다고 했다. 하지만 필요하다면 국립암연구소에 임상시험 동의서를 신청하겠다고 했다. 국립암연구소 연구 실험계획은 리처드의 참여가 무척 어렵게 되어 있었다. 하지만 리처드가 진정 의료진으로부터 충분한 설명을 들은 후에 동의를 하는 것이 가능한 것인가? 우리는 꼭 〈이상한 나라의 엘리스〉의 반대편에 있는 것 같았다. 리처드는 의사이자 과학자로서 죽을 병에 걸린 사람이다. 국립보건원에서

30년 동안 임상연구를 한 사람이다. 그런 리처드가 충분한 설명에 근거해서 동의할 수 없다면 누가 할 수 있겠는가?

다행히 친구인 국립암연구소 종양 면역학 연구실의 제프 쉴럼 실장이 엄청나게 복잡한 신청 절차를 도와주기로 했다. 그러는 동안에 리처드와 에팅거는 주다 폴크만과 상의하여 그의 치료 실험을 시도해보기로 결정했다. 그의 치료 실험은 종양으로 가는 혈액이 증가하는 것을 제한하도록 설계된 것이었다. 지금 같은 가능성의 시대에는 선택할 수 있는 대안이 많았겠지만 우리는 그 대안들을 찾고 있었다. 리처드는 자신이 실험 대상이 되긴 했지만 그래도 과학의 최첨단을 걷고 있다는 사실에 행복하다고 했다.

리처드는 표준 폐암 치료를 받고 그다음에는 실험적인 치료를 받았다. 리처드는 그가 걸린 유형의 폐암 환자 평균 수명보다 일 년을 더 살았다. 그 일 년이라는 시간은 리처드의 목숨을 살리기 위해 가능한 모든 것을 다했던 사람들의 노력과 과학이 준 선물이었다. 하지만 폐종양은 계속 자랐다. 어쩌다가 몇 주 또는 몇 달은 자라지 않기도 했지만, 변덕을 부리며 계속 자라났다.

과학과 의학은 어떤 지점에 이르면 그 이상을 넘어설 수 없다. 우리가 살고 있는 이 놀라운 과학의 시대 덕분에 리처드는 원래 예상했던 것보다 오래 살았다. 하지만 의학에 한계가 있기 때문에 리처드는 결국 죽었다. 우리는 정신분열병과 우울증을 연구하고 치료하면서 그런 것들을 매일 보았기에 그런 한계를 잘 알고 있었다. 그 한계에 대해 우리는 철학적이었으며 리처드는 나보다 더 그랬다. 리처드와 나는 임상 수업시간에 존스 홉킨스 대학의 초대 내과 과장을 지낸 윌리엄 오슬러 경(1849~1919, 영국 의학자)의 말을 자주 인용했다. "절대 진리란 얻을 수 없는 것이다. 우리는 '깨진 조각들'에 만족해야 한다." 우리는 얻을 수 없는 것을 원했다. 나는 리처드가 살기를 원했다. 나는 깨진 조각의 의미를 잘 알고 있었지만 깨진 조각에만 만족하고 싶지 않았다.

첫 수선화가 피었다. 우리는 아침 일찍 차로 타이들 베이슨에 가서 벚꽃을 구경하고 가끔은 시어도어 루즈벨트 아일랜드에도 갔다. 삶은 어떤 면에서는 아름답기도 하지만 전혀 정상적이지 않다는 걸 알고 있을 때에도 정상적으로 보일 때가 많았다. 우리는 록크리크공원으로 드라이브를 계속했다. 보통 우리의 바셋 하운드(식육목 개과에 속하는 중형 수렵견) 호박이를 데리고 스티븐 포스터와 폴 로브슨의 노래를 들으면서 돌았다. 우리는 공원, 워싱턴의 아름다움, 포스터와 로브슨이라는 작은 열정을 공유하고 있었으며 그러한 것들이 우리에게 일상을 지탱해주는 행복이 되었다.

그해 봄 리처드는 각각 다른 세 번의 행사에서 동료들에게 찬사를 받았다. 세 번 다 리처드에게는 아주 큰 기쁨을 안겨주었다. 그가 죽음을 앞두고 있다는 사실 때문에 만들어진 자리이긴 했지만, 리처드는 그것을 우울하게 생각하지 않고 오히려 더할 나위 없이 좋아했다. 첫 번째 정신분열병에 관한 세미나는 전국의 보훈 병원 정신과 의사들이 리처드를 위해 개최한 행사였다. 그들에 따르면 동료들이 리처드를 정신의학, 과학, 의학에서 독보적인 인물로 평가했다고 한다. 리처드는 '독보적인' 이라는 말에 무척 기뻐했다.

그들은 리처드에게 뇌와 정신분열병을 이해하는 데 선구적인 기여를 한 점, 정신분열병과 기타 정신질환에 대한 치료법을 향상시킨 점, 젊은 의사들과 과학자들의 스승으로서 보여준 관대함에 대해 감사를 표시했다. 리처드를 위한 만찬에서 당시 국립정신보건원의 간부였고 현재 하버드의 교무처장인 분이 정신의학 분야에서 리처드가 세운 획기적인 업적에 대해 이야기했다. 그 분이 리처드의 훌륭한 논문은 〈사이언스(Science)〉지에 게재되었지만, 자신의 퇴짜 맞은 논문은 〈네이처(Nature)〉지에 게재되었다고 말해 한바탕 웃음이 터졌다. 리처드는 회의 내내 너무나 기뻐했다. 또 많은 의사와 과학자와 공동으로 연구했던 뉴욕의 컬럼비아 대학의 동료들이 찬사를 보내준 넉넉하고 따뜻했던 날도 마찬가지로 무척 좋아했다.

국립보건원은 전일 과학 심포지엄을 열어 리처드에게 특별한 찬사를 표시했고 이어서 육 · 해군 클럽에서 만찬이 열렸다. 수많은 세계 최고의 신경과학자들이 그들의 일에 리처드가 끼친 영향에 대해 이야기했다. 그리고 리처드의 미덕, 엄청난 에너지, 멘토로서의 관대함, 과학적인 창의성에 대해서도 이야기했다. 리처드는 그런 찬사들에 깊은 감동을 받았다. 리처드를 만나는 동안 그가 우는 것을 거의 본 적이 없었는데 한순간 그가 참지 못하고 눈물을 흘리는 모습을 보았다. 동료들로부터 받는 존경은 다른 의도가 없는 순수한 감정임을 리처드는 알고 있었다.

리처드는 《암 이야기》에서 동료에게서 인정을 받은 그 시간 덕분에 병을 견디고 예고된 죽음과 맞설 수 있었다고 썼다. 리처드는 자신이 사랑받고 중요한 일을 했다는 사실을 알았다. 그는 모든 사람,

특히 많은 혜택을 받은 사람들은 살면서 자기가 받은 것을 돌려줄 의무가 있다고 생각했다. 자기가 가르치거나 함께 일했던 수많은 과학자에게서 진심어린 감사의 말을 들으면서 리처드는 자신이 최선을 다해 받은 것을 돌려주었다고 믿게 되었다. 그는 죽음에 대해서는 많은 것을 쓰거나 이야기하지 않았지만, 그 찬사의 시간 동안에는 그랬다.

> 많은 이들이 매일 죽음에 대해 생각한다. 실제로 많은 사람들이 그랬듯이 나를 깊이가 없는 사람이라고 생각할지 모르겠지만 나는 죽음에 대해 거의 생각하지 않는다. 하지만 오늘은 특별히 나의 죽음에 대해 생각해본다. 오래전에 나는 빚을 갚고 나면 죽음에 대해서는 걱정하지 않겠다고 결심했다. 나는 성장하면서 너무나 많은 것을 받고 엄청난 빚을 진 행운아였다. 미국에서 건강하게 태어나고 성장했으며 좋은 교육을 받았고 의대에 가서 수련을 마치는 혜택을 누렸다. 서른세 살 호지킨병이 생길 때까지는 진 빚을 갚을 만큼 충분히 좋은 일을 했다고 생각했다. 장부의 빚을 청산한 셈이었다. 하지만 치료를 받고 호지킨병이 완치되면서 다시 빚을 지게 되었다. 그래서 그다음 몇 년 동안은 다시 장부의 빚을 갚기 위해 살았다. 물론 다른 사람에게 상처를 주거나 '태만의 죄'를 지은 경우도 많았지만, 계산대로라면 빚을 갚고도 조금 남는 것 같다. 나에게 빚이 없다는 것은 죽음에 대해 걱정할 필요가 없다는 것을 의미한다.

나에게 죽음이란 상상할 수 없을 정도로 무서운 것이었다. 그러나 리처드는 전혀 다른 관점으로 죽음을 바라보았다. 그의 그런 가치관이 부러웠다.

쏟아지는 별

리처드는 원래 예상했던 것보다 일 년을 더 살았다. 그가 죽기 전에는 봄날처럼 화창한 날씨가 오랫동안 계속 되었다. 동료들로부터 한바탕 찬사를 받은 후 리처드는 캘리포니아로 휴가를 떠나자고 제안했다. 강의나 다른 일정이 없었기에 그냥 쉬면서 가족 친구들과 시간을 보내고 즐기기만 하면 되었다. 앞으로 닥칠 일은 나중에 걱정하면 되었다. 그 휴가는 마치 완벽한 간막극 같았다. 리처드는 그때까지는 건강상태가 그런대로 괜찮았다. 그는 퍼시픽 팰리세이드에 있는 우리 별장 베란다에 앉아서 노트북으로 일을 하거나 햇살을 받으며 잠을 잤다. 나는 아침에 절벽까지 걸어가서 바다를 내려다보거나 바다로 내려갔고 오후에는 베란다에서 리처드 옆에 앉아 책을 읽었다.

곳곳에 캘리포니아 특유의 향기와 색깔이 있었다. 달콤한 재스민, 뾰족한 유칼리나무, 갈고리 모양의 가시와 얇은 오렌지 자홍색 꽃잎이 있는 부겐빌레아 포도나무, 그리고 조화가 되지 않는 파란 하이비스커스. 리처드는 녹나무를 특히 좋아했고 나는 유칼리나무를 좋아했다. 그래서 우리는 차창을 열고 공기를 들이마시며 행복하게 팰리세이드 거리에서 드라이브를 했다. 어느 하루는 평소처럼 드라이브를 하는 도중에 리처드가 몇 세기 전에 장뇌가 조증 치료제로 사용되었다는 말을 했다. 차를 세워서 이파리를 좀 줍자고 하면서 씩 웃더니 "만약을 대비해서"라고 했다. 나는 리처드의 검은 가방 안에 있는 항정신성 약물보다는 장뇌가 낫겠다고 하며 온전한 잎을 한 아름 모았다. 정신병을 막기 위해 우리는 그 잎을 바구니에 담았다. 리처드는 그 시점 이후로 정신병이고 무엇이고 얼씬도 못할 것이라고 했다. 우리는 친구들과 가족과 UCLA의 동료들을 만나고 밤에는 별장 뒤의 꼬불꼬불한 언덕길 위로 차를 몰고 가서 로스앤젤레스의 불빛과 산타 모니카 베이를 비추는 달빛을 바라보았다. 잠시 시간이 멈춘 듯했다. 우리가 얼마나 운이 좋았는지 잘 알고 있었다.

오랫동안 해결하지 못했던 캘리포니아에 대한 증오심도 리처드와 함께 있으니 극복할 수 있었다. 나에게 로스앤젤레스는 늘 짜증나게 하는 도시였다. 나는 로스앤젤레스를 사랑하면서도 거부했고 잊으려고 애를 썼다. 로스앤젤레스에서 성년이 되었으니 그곳은 항상 나의 도시일 것이다. 거기서 처음으로 소망을 알았고 정신병이 무엇인지 알았으며 처음으로 사랑을 나누고 사랑에 빠지기도 했다. 로스앤젤레스는 나에게 열정의 도시이자 절망의 도시이다. 정신병이 발병했던 곳이기에 20년이 지난 지금도 그 당시 조증 상태에서 했던 말이나 행동을 생각하면 여전히 치가 떨릴 정도로 수치스러움을 안겨주는 도시이다. 또 한편 처음으로 슈만의 피아노곡과 베토벤의 〈장엄미사곡〉을 들었던 곳이자 어느 여름날 처음으로 달 착륙을 지켜보고 처음으로 예이츠와 로웰과 다윈을 읽었던 곳이기도 하다. 내게 로스앤젤레스에 관한 것은 어느 것 하나 평이한 것이 없었다.

사계절 날씨가 한결같은 남부 캘리포니아에서 지내는 동안 내 인생에는 엄청나게 놀라운 일이 많이 일어났다. 워싱턴이 처음이자 마지막 고향이라면 캘리포니아는 변덕스럽고 혼란스럽게 만드는 곳이다. 캘리포니아에서 복잡하지 않은 곳은 빅서(캘리포니아주 몬터레이군에 있는 자연경관지)가 유일했다. 나는 빅서가 그냥 좋았다. 그래서 가끔 찾아갔다. 빅서는 자연 그대로의 아름다움을 지니고 있어서 다른 장소나 또는 사람이 줄 수 없는 안정감을 주었다. 심지어 빅서에서는 정신이 나갔을 때에도 토성이나 토성의 고리, 달과 저 먼 별들로 떠나는 숨이 막히도록 아름다운 마음속의 여행처럼 황홀경에 빠졌다. 집에서 멀리 떨어진 곳에서 혼자서 아무것도 책임질 필요 없이 빅서의 해변을 따라 걸으면서 불안을 떨쳐냈다. 황량한 아름다움과 집에 있는 듯한 편안함 때문에 빅서에 갔다. 나는 남부 캘리포니아를 가까이 오지 못하게 막았었다.

이제 리처드가 심각하게 아픈 상황에서 캘리포니아에 대해 까탈을 부리는 것은 시간과 에너지 낭비처럼 느껴졌다. 그것은 리처드가 죽어가는 가운데 우리가 함께한 마지막 캘리포니아 여행이었다. 그 외에 무엇이 중요하겠는가? 나는 좌절하고 정신병에 대해 생각하느라 인생을 충분히 낭비했다. 모자라는 것은 캘리포니아가 아니라 나 자신이었다. 로버트 프로스트(1874~1963, 미국시인)는 땅으로부터 동떨어져 있는 사람들은 땅을 따라갈 때 구원을 발견한다고 했다. 그 말이 나한테는 사실이었다. 시각을 바꾸어 좀 더 관대하고 신중한 눈으로 서부 해안을 바라보자 오랫동안 가슴에 응어리져 있던 불만이 사라졌다.

리처드는 나처럼 항복할 필요가 없었다. 그는 삶에서 불필요한 투쟁을 하지 않는 사람이었기에 내가 갖지 못한 힘을 가지고 있었다. 캘리포니아에서 함께 보낸 그 시간은 참 행복했다. 우리는 그 시간을 받아들이고 가까이 느끼고 6월의 태양과 주변의 땅이 풍기는 야릇한 향기와 환상적인 색깔에 취했다. 리처드는 항상 살아오면서 잃어버린 중요한 것들을 내게 돌려주었다.

어느 날 오후, 리처드와 나는 벤치에 앉아서 도마뱀처럼 햇살을 받으며 태평양을 바라보고 있었다. 중요한 이야기는 별로 하지 않고 그냥 소소한 이야기를 나누었다. 잠시 후에 리처드가 차분한 목소리로 말했다. "장례식에 대해서도 이야기를 좀 해야지." 나는 침착한 목소리로 대답하려고 애를 썼지만 되지 않았다. "어, 그래야지."

햇살 아래의 조용한 분위기에서 그의 말이 갑작스럽게 느껴졌지만, 리처드의 말이 완전히 갑작스런 이야기는 아니었다. 그날 일찍이 우리는 성공회 신부 클라크 올러를 만나러 갔다. 클라크 올러는 내가 로스앤젤레스에 살 때 다니던 교회 신부였다. 나와 알고 가까이 지낸 지 25년이 되었으며 리처드도 신부님을 무척 좋아했다. 셰넌도어 계곡에서 시민 예식(정부 공무원이나 직원이 진행하는 법적 결혼식)을 하고 얼마 후 웨스트우드에 있는 성 앨번 감독교회에서 종교

예식을 치를 때 클라크 신부님이 주례를 봐주셨다. 그날 일찍 우리는 신부님께 찾아가서 앞으로 몇 달 후에 해야 할 일을 상의했다. 리처드의 요구에 따라 장례식 때 쓸 음악과 추도문에 대해서도 자세히 이야기를 나누었다. 그리고 같은 날 눈부시게 아름다운 오후, 벤치에 나란히 앉아 바다를 내려다보면서 찬송가, 운구할 사람, 또 고대의 장례의식에 대해 이야기를 계속했다. 하나님의 눈부신 태양도 장례식에 관한 이야기를 나누는 동안에 나오는 한기를 전혀 데워주지 못했다.

우리는 가능한 한 많은 이야기를 했다. 그러고 난 후 고맙게도 리처드가 마무리를 해주었다. “이 정도면 충분해. 이제 당신 생일 선물 사러 가자.” 리처드는 전에 가봤던 샌 빈센트 블러바드 거리에 있는 가게에 가보자고 했다. 가게에 들어서자 리처드는 보석 디자이너를 불러 이렇게 말했다. “이 사람은 월장석과 남옥을 좋아합니다. 자기랑 닮은 구석이 있거든요. 좀 변덕스럽지만 사랑스럽다고 할까요? 남옥보다는 월장석에 가깝겠네요.” 리처드는 멋진 미소를 지으며 그만의 매력으로 디자이너를 사로잡았다. 그리고 언제나 그렇듯이 나는 이번에도 또 그의 매력에 사로잡혔다. 리처드는 한동안 궁리를 했는지 자기가 원하는 팔찌 디자인의 윤곽을 그려 보였다. 둥글게 연마한 남옥과 월장석이 교차되어 섬세한 금줄에 연결되는 디자인이었으며 남옥은 타원형으로 월장석은 원형으로 해달라고 주문했다. 그 반지는 세상에 하나밖에 없는 반지가 될 것이었다.

몇 주 뒤에 워싱턴으로 팔찌가 배달되었다. 변덕스러운 회색과

담청색 보석이 섞인 기막히게 아름다운 팔찌였다. 그 팔찌는 그야말로 변덕스러우면서 너무나 아름다웠다. 리처드는 내 손목에 팔찌를 채워주려고 했지만 그러지 못했다. 손이 너무 떨려서 미세한 걸쇠를 채울 수가 없었던 것이다. 그래서 대신에 새로 산 보석을 이탈리아 분수나 진피즈(드라이진에 레몬주스를 넣고 소다수를 부어 만든 칵테일)나 북해에다 담그는 리처드의 전통에 따라 새 팔찌에 세례를 행했다. 이번에는 우리가 무척 좋아하는 싱글 몰트위스키(100% 보리만을 증류한 위스키를 몰트위스키, 한 증류수에서 나온 몰트위스키를 싱글 몰트위스키) 달휘니에 팔찌를 담갔다. 그리고 리처드가 말했다. "우리를 위하여, 당신을 위하여, 사랑을 위하여." 그 뒤로도 나는 다른 사람이 도와주지 않으면 그 팔찌를 찰 수가 없었다. 너무나 아름다운 그 팔찌는 사랑으로 만들어졌지만 팔에 차기가 쉽지 않았다. 바로 우리의 삶처럼 말이다.

우리의 마지막 여름은 아름다운 시간이었다. 로스앤젤레스에서 돌아오자 엄청나게 불어난 반딧불이 밤이면 우리 집 정원을 환하게 밝혀주었고 워싱턴의 하늘은 베르디의 〈레퀴엠〉 중 〈진노의 날〉를 연상시키듯 벼락으로 번쩍였다. 리처드는 스테이크, 곡물, 복숭아 파이 같은 음식을 먹을 수 있었다. 그래서 우리는 리처드가 실제 상태보다 더 건강하다고 착각했고 웃음과 우정의 긴 밤을 함께 보냈다. 친구들과 함께한 그 여름밤은 리처드와 나에게 달과 별처럼 소중한 시간으로서 앞으로 내 기억이 다하는 순간까지 함께 해줄 것이다. 동료들의 꼴불견인 애정행각에서부터 과학계의 스캔들로, 줄기세포 연구에서 토마스 아퀴나스로 온갖 화제를 넘나들며 대화를 즐겼고 우주의 우아함과 세상이 어떻게 끝날지에 대해서도 이야기했다. 우리는 수많은 여름밤을 다른 사람이 적당하다고 생각할 양보다 많은 와인을 마시며 로마, 정치, 가족, 잡다한 미생물, 생각이 있는 사람이라면 누구나 알 만한 정부의 무능함에 대해서도 이야기했다. 이 우정의 밤들은 무엇과도 비교할 수 없는 시간이었지만 다가오는 리처드의 죽음에 대한 불안을 눈에 띄게 드리우고 있었다. 친구들은 강렬하고 부드러운 우정을 보여주었고 그 덕분에 리처드의 죽음을 그나마 덜 외롭게 맞이할 수 있었다.

리처드가 심장병과 림프종과 폐암을 앓는 동안 우리 두 사람의 기질에는 미세한 변화가 생겼다. 전에는 서로의 차이점 때문에 가끔씩 신경전이 벌어졌는데 이제는 좀 더 잘 지내게 되었다. 각자의 감성과 변덕이 조화를 이루어 복잡하고 뒤섞인 감정으로 발전했다. 기분이 격하게 변하고 주기적으로 감정을 폭발했던 나는 시간이 흐르고 상황이 심각해지면서 감정 동요가 줄어들었다. 반면, 과묵하던 리처드는 좀 더 격정적이고 외향적이며 감정적으로 변했다. 다른 사람들의 감정에 좀 더 민감해졌고 가슴 속에 있던 감정을 좀 더 표현할 수 있게 되었다. 항상 육체적으로 애정표현을 많이 하고 예전보다 더 많이 나를 바라봤다. 심지어 잠시 자리를 비웠다가 방에 들어왔을 때도 나를 꼭 붙들곤 했다. 예전에는 그러지 않았는데 그냥 감정과 감각으로 느끼고 의지하려는 것 같았다.

리처드는 후에 목욕할 힘이 없어지자 새로운 방식으로 자신 너머의 세계를 받아들이려고 노력했다. 내가 샤워를 하고 나면 리처드는 내 팔과 목의 향기를 들이마시며 인동덩굴이나 이끼장미, 라임

꽃이나 유칼리 향을 맡았다. 그전에는 한 번도 그런 적이 없었으며 오히려 나의 수많은 화장품 병을 보고 비웃었다. 친구들에게 이렇게 말하곤 했다. "케이는 향기 과다야. 일곱 병을 살 수 있는데 왜 한 병만 사겠어?"

리처드는 자신의 근본적인 사생활을 유지했다. 그는 지금까지도 그랬고 앞으로도 계속 비밀스러운 남자일 것이다. 하지만 다른 사람에게 더 다가가 그동안 나를 비롯한 몇몇 사람들만 알고 있었던 따뜻한 모습을 지인들과 동료에게도 보여주었다. 이제 리처드가 나약한 나에게 손을 내밀 때 내가 그에게 보다 평온한 자아를 가져다줄 수 있다는 사실, 리처드에게 내가 믿을 수 있는 사람이라는 사실이 나는 무척 기뻤다. 아주 오랜 시간 여러 해 동안 나는 리처드를 필요로 했으며 그의 사랑과 판단에 의지하여 살아왔다. 지금까지는 내가 리처드를 통해 나의 진정한 모습을 재발견했는데 이제는 리처드가 내게 주었던 선물에 의지하는 셈이었다. 그러니 공평하지 않은가?

여름이 조용히 끝나가고 있었다. 리처드는 과학 연구에 몰두하고 환자를 볼 수 있을 정도로 건강했다. 나는 존스 홉킨스에서 글을 쓰고 일을 하면서 리처드를 돌봤다. 그러나 리처드의 오른쪽 폐에 있는 종양은 계속 자라고 있었다.

9월 초 펜타곤과 세계무역센터가 공격을 받았다. 나는 카터 센터에서 열리는 회의에 참석하려고 아침 일찍 애틀랜타행 비행기를 탔다. 내가 탄 비행기는 처음에 납치된 비행기가 세계무역센터 건물로 날아가기 40분 전에 이륙해서 아메리칸 항공 77편이 펜타곤의 서쪽 건물을 들이받은 지 20분 뒤에 착륙했다. 카터 센터에 도착했을 때 그곳은 대통령과 카터 여사를 보호하기 위해 파견된 대통령 경호실의 차량이 둘러싸고 있었다.

워싱턴 전화선은 꽉 막혀 있어서 그날 늦게서야 리처드와 겨우 통화할 수 있었다. 리처드는 워싱턴 사람들 수백 명이 불안한 모습으로 서류가방을 들고 핸드폰으로 통화하면서 코네티컷 거리를 최대한 빨리 걸어가는 무서운 광경을 설명해주었다. 나는 리처드와 워싱턴에서 멀리 떨어져 있어서 무서웠지만 돌아갈 수가 없었다. 항공편은 하나도 없었고 동부 해안의 버스와 기차는 운행되지 않았다. 몇 시간 거리의 애틀랜타 공항이 폐쇄됨에 따라 렌터카는 물론 트럭도 남아 있지 않았다. 리무진을 렌트하는 것이 유일한 선택이었는데 그것도 이틀 동안은 불가능했다. 그래서 하는 수 없이 애틀랜타에 머물면서 강박적으로 CNN을 보며 리처드와 계속 연락을 유지하려고 노력했다.

습격이 있던 그날 밤, 나를 비롯한 몇몇 사람들은 대통령과 카터 여사와 함께 비공식 만찬을 했다. 대통령 내외는 고요하고 철학적이고 강인했다. 그들은 거대한 영토와 국민의 창의력과 회복력이 미국의 힘이라는 독특한 관점에서 미국을 바라보았다. 그 후 몇 주간은 그날 밤 카터 대통령 내외가 언급한 그런 올바른 애국주의가 깊이 스며든 시간들이었다. 과장되거나 배타적인 국수주의가 아니라 현명하고 꼭 필요한 애국주의였다.

애틀랜타에서 워싱턴으로 가는 길은 무시무시했다. 조지아에서 캐롤라이나까지 어디에나 조기가 게양되어 있었다. 라디오에서는 뉴욕과 워싱턴에서 시신 발굴을 위해 노력 중이라는 소식을 끊임없이 전했고 두 도시 위를 오가는 전투기에 대해 설명했다. 나라 전체가 큰 충격에 빠져 가치관이 뿌리째 흔들렸다. 나는 펜타곤 벽을 들이받는 비행기의 이미지를 쉽게 떨쳐버릴 수가 없었다. 직업군인 장교이셨던 아버지도 그곳에서 몇 년을 근무했었는데, 그 견고하던 건물이 공격을 받아 수많은 사람이 죽다니 믿기지가 않았다.

워싱턴에서는 대통령 경호실 차가 코네티컷 거리를 뒤집고 다녔다. 더 나쁜 것은 로크리크공원과 국립 동물원을 순찰했다는 것이다. 워싱턴 기념탑 근처에 대공 부대가 배치되었고 곳곳에서 기관총이 국제공항을 겨누고 있었다. 머리 위로는 계속해서 전투 순찰 중인 F-16이 날아다니는 소리가 가까이 들렸다. 아주 긴장된 시기였지만 한편으로 좋은 점도 있었다. 인근의 레스토랑은 밤에도 다른 이들과 더 가까운 시간을 원하는 워싱턴 사람들로 꽉 찼다. 그 덕분에 리처드와 나도 친구들과 거의 매일 밤 바깥에서 시간을 보냈다. 한동안 사람들은 낯선 사람들에게도 더 상냥해졌다. 워싱턴은 공격을 받기 쉬운 도시였으며 우리 모두 다 마찬가지였다.

911 테러가 있고 나서 한동안 리처드는 의료 면에서 실용적인 태도를 보였다. 항생제, 항바이러스 약, 에피네프린이 든 가정용 의료 장비 세트를 챙겼다. 그리고 우리 둘이 각자 공부할 주제도 나누었다. 자기는 탄저병과 페스트를 맡고 나에게는 천연두와 보툴리누스 중독을 배정해주었다. (내가 페스트를 맡고 싶다고 중얼거리자 리처드가 웃으며 말했다. "공평하게 해야지. 지난 주말에 자기가 영화 골랐잖아.") 우리는 둘 다 항생제와 항바이러스 약물의 정신

과적 합병증에 대해 연구를 했는데 문제가 적지 않았다.

시정부는 시민과 정부기관들을 단결시켰다. 리처드는 주요 정신 질환의 초기 치료 개입을 평가하기 위해 국방부와 대규모 연구를 수행한 적이 있었다. 그래서 펜타곤에 있는 동료들로부터 대규모 폭발사태로 인한 심리적 · 정신적 영향에 대처하기 위한 지침을 만드는 것을 도와달라는 요청을 받았다. 10월 말 어느 아름다운 가을 아침에 우리는 회의 참석차 버지니아에 있는 에얼리 하우스에 차를 몰고 갔다. 대규모 테러 공격으로 정신적인 피해를 입은 희생자들에 대한 연방정부의 대응책을 수립하기 위해 국방부, 보건복지부, 법무부가 공동으로 주관한 회의였다.

리처드와 나는 우리의 생활 곳곳에 깊숙이 배어 있는 두 가지에 마음을 두고 회의에 임했다. 의식의 한 방향은 경보 상태로 가깝게는 리처드의 암이 진행되는 것에 대한 경보와 멀게는 워싱턴에 가해진 또 다른 공격 위협에 대한 경보에 두고 있었다. 그리고 의식의 다른 한쪽은 우리 삶의 위협받지 않은 부분, 정상적인 부분에 두고 있었다. 경보와 정상이라는 두 가지 면은 각각 분리된 채널로서 서로 비켜나갔다. 때때로 그 두 채널은 만나기도 했는데 에얼리 하우스에 있는 동안에도 그랬다. 에얼리 하우스가 자리한 지방은 아름다웠다. 들판에는 건초 더미가 말려 있었고 검은 호두 껍데기가 발치에 쌓여 있었다. 정원의 벤치에 앉아 있을 때에는 지극히 평화로웠다. 마치 리처드의 폐에 암이 자라고 있지 않는 듯이 그리고 우리가 참석한 회의의 주제가 테러 공격에 따른 정신적 훼손이 아닌 듯이 느껴질 정도로 평화로웠다.

회의 중에 리처드의 발언을 듣고 늘 그렇듯 그의 합리성에 감탄했다. 리처드는 인간이 탄력적인 종이라고 주장했다. 인간은 마지막 빙하기로부터 종말론적인 홍수를 견디고 어머니의 자궁으로부터 태어난 종이기에 지금과 같은 비상사태도 충분히 헤쳐 나갈 수 있다고 했다. 다른 참석자들이 주장했듯이 그럴싸하게 들리지만 과학적 자료로 뒷받침되지 않은 프로그램에 정부가 현혹되어서는 안 된다고 주장했다. 911 테러 이후에 경험 보고자들은 일제히 뉴욕으로 갔다. 히포크라테스가 선언했듯이 의사는 무엇보다도 해를 입히지 말아야 한다. 리처드는 정신적으로 취약한 사람들의 정신병과 자살을 막을 수 있는 방법에 대해 이야기했다.

나는 회의실 뒤쪽에 앉아서 리처드가 하는 말을 들었다. 그는 죽어가고 있는 와중에도 자신이 도울 수 있는 일을 돕겠다고 결심했다. 나는 리처드의 말을 듣는 것이 좋았고 그의 사고방식도 좋았다. 나는 그를 사랑했다. 하지만 그날 밤 침대에 리처드와 함께 누운 나는 그의 기침 소리 때문에 밤새도록 잠을 이룰 수가 없었다. 그가 없어도 세상은 예전처럼은 아닐지라도 어쨌든 계속 잘 돌아갈 것이다. 하지만 나는 어떻게 해야 할지 막막했다.

리처드의 기침은 오락가락했고 우리의 불안도 기침과 함께 왔다 갔다 했다. 에얼리 하우스에서 돌아오고 바로 뒤에 리처드는 존스 홉킨스 병원에 가서 두 달 만에 검진을 받았다. 언제나 그렇듯 불안한 마음이 앞섰다. 그러나 이번에는 지난번과 달리 폐에 종양이 눈에 띄게 자라지는 않았다. 에빙거는 그 사실에 확실히 놀라고 또 기뻐했으며 우리도 마찬가지였다. 리처드는 하버드의 주다 포크만이 개발한 실험적인 조치에 따라 종양에 혈액 공급을 차단하는 약물을 복용하고 면역 체계를 강화하기 위해 하루에 두 번 인터페론을 투여했다. 리처드는 자신과 같은 암을 진단받은 환자의 평균 생존기간을 훌쩍 넘겨 살고 있었다. 그래서 우리는 리처드가 병이 악화되지도 호전되지도 않는 새로운 암 환자 그룹에 속하기를 기대했다. 그런 환자들은 병을 안고 살았다. 어쨌든 죽지 않고 계속 사는 것이다. 이 가능성으로 인해 그리고 새로운 실험적인 약물과 백신 요법의 가능성 덕분에 심해진 기침, 암 전문 잡지에서 읽었던 차디찬 수치, 다른 의사들에게서 들었던 한결같이 맥 빠지는 다른 대안들을 무시하고 희망을 가질 수 있었다.

늦가을에 리처드는 닦아 오는 사자자리의 유성우에 엄청난 관심과 에너지를 쏟았다. 리처드는 어릴 때 양아버지가 시카고의 애들러 천문대에 데리고 간 이후로 별과 하늘과 사랑에 빠졌다고 한다. 양아버지의 격려 덕분에 별에 관한 책을 읽기 시작한 것이 리처드에게 읽기 장애를 극복할 수 있는 강력한 동기가 되었다. 천문학에 대한 어린 시절의 열정은 아직도 생생하게 남아있었다. 천문학자들은 2001년 11월의 유성 폭풍이 하늘이 보여주는 21세기 최고의 장관이 될 것이라고 예고했다. 일반적인 유성우 관찰자들이 유성을 한 시간에 열 번 볼 수 있다면 이번 유성 폭풍에서는 한 시간에 천 번 어쩌면 만 번이나 그 이상도 볼 수 있다고 했다. 별들이 쏟아질 이 밤을 우리가 놓칠 리가 없었다.

우리는 새벽 네 시 반에 일어나 차로 로크리크 공원에 갔다. 공원에는 이미 차가 빽빽하게 차 있었다. 워싱턴은 인간성에 지쳤을지 모르겠지만, 여전히 아름다움을 유지하고 있었다. 유성우는 모든 면에서 장관이었다. 초록, 하양, 파랑 빛이 멋지게 터지면서 온 하늘을 불태우며 머리 위로 순찰 중인 공중 조기 경보 관제기의 깜박이는 빛과 뒤섞였다. 사방의 하늘에서 별들이 연이어 폭발했다. 나는 생각했다. '아, 너무 아름다워! 우리가 이렇게 눈부시게 아름다운 광경을 함께 보고 있다니, 리처드가 살아서 이 광경을 볼 수 있다니, 아 너무 행복해! 아마 리처드의 감사하는 마음 덕분에 받은 선물이겠지.' 우리는 그 떨어지는 별들의 파편을 붙잡아 다가올 날들을 위해 마음속에 보관해두었다.

리처드는 로크리크 공원 위로 쏟아지는 별들에 대해서 조용하지만, 열정적으로 이야기했다. "정말 아름답지? 정말 눈 깜짝할 사이야." 그러더니 아프가니스탄 하늘 아래서 그 별을 바라볼 젊은 미국 병사들에 대해 이야기했다. "사자자리 유성을 바라보는 병사도 있고, 폭탄을 맞힐 표적을 보고 있는 병사도 있고, 또 폭탄이 터지는 것을 보는 병사도 있겠지." 그러나 그는 의아해했다. "빈 라덴은 쫓기면서 무엇을 봤을까? 빈 라덴도 작렬하는 먼지와 쏟아지는 별에 경외심을 느꼈을까?"

우리는 오래도록 공원에 앉아서 쏟아지는 별을 보며 소원을 빌고 달콤한 키스를 나누었다. 별들이 시야로 쏟아지는 것을 보면 우주의 유한한 공간에 있다는 날카로운 공포가 일어날 수 있다. 하지만 그날 밤은 달랐다. 그 밤은 가장 황홀하고 아름다운 자연의 모습 그 자체였으며, 우리는 그 아름다운 모습을 함께 지켜보았다. 그것은 수많은 시간의 연속선 위에 있는 구슬 한 점처럼 한순간이었다. 나는 그 순간과 우리가 나눈 키스를 이 세상 그 무엇과도 바꾸지 않을 것이다.

크리스마스 시즌은 빛과 캐럴과 친구들의 연속이었다. 리처드는 상태가 괜찮았지만 우리는 그것이 함께하는 마지막 크리스마스임을 알았던 것 같다. 그럼에도 불구하고 혹은 그 때문인지 그 전년보다 덜 걱정스러웠다. 우리는 그냥 닥치는 대로 받아들이고 죽음 앞에서 하게 되는 끔찍한 생각을 잘 걸러낼 줄 알았던 것 같다. 어쨌든 크리스마스는 축제의 시간이 아닌가. 트리를 장식하는 것은 즐거운 일이었으며 각각의 장식품은 어두운 감정 때문에 무게감이 덜했다. 우리는 저녁 시간 대부분을 불 옆에서 보냈다. (리처드는 물었다. "케이, 한 번 당신의 특별한 불 피워볼래?") 리처드와 엄마와 함께 캐럴을 듣고 와인을 마시면서 불을 빤히 쳐다봤다. 꿈을 꾸는 듯 행복한 시간이었다. 미래가 중요하지 않은 것은 아니었지만 잠시 제쳐두었다. 리처드는 죽어가고 엄마는 늙어가고 우리 개는 주둥이가 하얘지고 걸음걸이가 뻣뻣해지고 있었다. 하지만 우리는 우리가 가진 것을 그대로 받아들였다. 우리의 삶은 불확실했다. 하지만 이 계절이 서로 가까이 안아야 할 시간임을 알았으므로 그렇게 했다.

더글러스 던이라는 시인에게 아내와의 마지막 날에 대해서 슬펐냐고 묻자 이렇게 대답했다. "물론이죠. 하지만 아름답기도 했어요. 세상에 고요함이 있었어요. 시간이 멈춘 듯이요."

여느 해처럼 그 해에도 차를 몰고 집 주변을 돌아다니며 크리스마스 불빛을 구경했고 크리스마스 밤에는 늘 하던 대로 〈주교의 부인〉을 봤다. 리처드는 건포도 푸딩을 먹으면서 로레타 영이 데이비드 니븐과 계속 살지 말고 캐리 그랜트와 도망을 갔어야 했다고 변함없는 해설을 했다. 그때마다 나는 이렇게 말했다. "당신은 데이비드 니븐보다는 캐리 그랜트 쪽에 훨씬 가까워." 그것은 사실이었기에 이렇게 덧붙였다. "캐리 그랜트도 당신 옆에서는 기회가 없을걸. 당신은 내가 아는 남자 중에 제일 잘 생겼거든."

이번 크리스마스 때 리처드는 놀라울 정도로 마른 상태였다. 지금까지는 한 번도 제 나이로 보인 적이 없었는데 이제 제 나이로 보였다. 머리카락도 예전처럼 두껍고 검지 않았다. 몸을 구부려 리처드에게 키스를 하며 말했다. "아직도 내가 아는 남자 중에 당신이 최고로 잘 생겼어."

리처드는 웃어 보였지만 눈물이 글썽였다.

"정말이야?" 그가 물었다.

"응. 완전 최고야." 내가 대답했다.

우리는 이제 새로운 일상에 적응했다. 1월 중순 부드럽게 내린 첫 눈이 공원을 채우고 나무와 정원에 두껍게 쌓여 멋진 풍경을 선사했다. 리처드는 그전보다 잠이 늘었고 식사량은 줄었다. 그래도 리처드가 잠들었을 때 그 옆에 있기만 해도 세계에서 우리가 함께하는 작은 영역이 좋다는 느낌이 들었다. 존스 홉킨스 병원에서 두 달 만에 검사를 받았는데 결과가 혼란스러웠다. 리처드의 왼쪽 폐에 미세한 새로운 침윤물이 있었지만 에팅거는 상관하지 않았다. 나는 그것이 거슬렸지만 암 전문의가 아니니 어쩔 도리가 없었다. 에팅거는 리처드의 병이 '안정 상태' 라며 기존과 같은 치료를 유지할 것을 권했다. 앰바인더가 에팅거의 사무실에 우리를 보러 왔는데 리처드가 그래도 그런대로 괜찮아 보이니 기뻐했다. 그런 그를 보고 리처드가 말했다. "매번, 리처드가 아직도 살아있다니 생각하시면서 놀라는 표정이네요." 앰바인더는 웃으며 리처드의 말을 부인하지 않았다.

발렌타인 데이에 근처에 있는 이탈리아 레스토랑에 저녁 식사를 하러 갔다. 그날 저녁은 심각하고 슬펐다. 우리는 그때 유일하게 리처드가 죽고 나면 나는 어떻게 될지에 대해 이야기했다. 리처드는 무슨 말을 할지 무수히 많은 생각을 했음에 틀림없었다. 자신이 얼마나 나를 사랑하며 내가 그를 얼마나 행복하게 해주었는지 말을 하기 시작했다. 죽어서도 계속 나를 지켜보겠다고 말해주고 싶지만 나도 알고 있듯이 리처드는 그런 것을 믿지 않는다고 했다. 하지만 사랑의 영향이 계속되리라는 것을 믿는다며 이렇게 말했다. "당신에게는 좋은 친구들과 가족과 동료들이 있잖아. 훌륭한 의사도 있고 중요한 일도 있어. 당신 스스로 자신을 잘 챙겨야 돼. 약도 잘 먹고 잠도 잘 자야 돼. 당신 옆에서 챙겨주는 사람이 없을 테니까." 리처드는 마치 할 말을 미리 연습했지만 그다음 말을 잊어버린 것 같았다.

"근데 당신 없이 난 어떻게 하지?" 내가 물었다. "어떻게 하냐고?"

리처드가 내 옆쪽으로 와서 어깨를 감싸주며 말했다. "글쎄, 근데 괜찮을 거야."

약 3년 전에 리처드가 림프종을 진단받은 이후 리처드 앞에서 한 번도 울지 않았지만 이제 눈물이 얼굴 위로 주르르 흐르고 있었다. 리처드는 도움이 되기를 바라며 발렌타인 데이 선물을 꺼냈다. 첫 번째 선물은 국립보건원 파일 폴더였다. 앞면은 유리 비커가 있었으며 리처드가 커다란 빨강 분홍 하트들로 폴더를 장식해놓았다. 좀 우스꽝스러워보였지만 내 마음에 쏙 들었다. 폴더 안에는 종이 두 장이 있었다. 첫 번째 장은 리처드가 쓴 〈암 이야기〉 원고에 바치는 글이었다. 그것은 아주 직접적이고 아주 리처드다운 스타일이었다. 거기에는 이렇게 적혀 있었다. "나를 존재하게 해주는 케이에게"

두 번째 선물은 15년 이상 이전에 나에게 썼던 편지 사본이었다. 그 당시에 나는 런던에 살고 있었는데 심한 우울증에 푹 빠져 있을 때였다. 어느 날 밤 워싱턴에서 리처드가 전화를 걸었는데 깊은 좌절에 빠진 나 때문에 걱정을 했다. 리처드는 내가 세상 끝에 있고 절망적이라고 느낄 때 나를 도울 수 있는 방법을 알고 싶어 했다. 그는 우울증을 임상적으로는 잘 알지만 개인적으로는 잘 알지 못해 당황스럽다고 했다.

나는 리처드가 오래전에 쓴 편지를 다시 읽었다. 편지를 읽으면서 그동안 우리가 서로를 얼마나 많이 이해하게 되었는지, 서로를 알게 되고 함께한 것이 얼마나 큰 행운이었는지, 그리고 리처드의 틀린 철자가 얼마나 나에게 웃음을 주었는지 생각했다. "나는 당신이 'flare'를 잘못 쓰는 게 정확한 글자보다 더 좋아." 나는 웃음을 참지 못하고 그에게 말했다. 리처드는 그 편지를 보더니 이렇게 말했다. "내가 보기엔 정확한데 뭘." 리처드는 평생 안고 살아온 읽기

장애로 어떤 글자를 여전히 자신만의 방식으로 봤다.

1985. 11. 28 목요일

Dr. Kay R. Jamison
34 Beaufort Gardens
London S.W.3
England

사랑하는 케이에게

나는 초록빛 얼음과 10분간 쉴 수 있는 휴식처를 봤어. 하지만 어제 밤에는 완전히 암흑 같은 말을 들었어. 열두 살 때 켄터키에 있는 매머드 동굴에 갔었는데 그때 가이드가 그곳이 암흑보다 스무 배 더 어둡다고 했어. 나는 그 말이 무슨 뜻인지 이해하지 못했어. 지금도 과학적으로 그게 무슨 의미인지 몰라. 그런데 이제 그 의미를 느끼게 됐어. 그건 모든 빛을 다 끌어당기는 블랙홀 같아. 전화 통화를 하면서 온몸에 기운이 다 빠져나가는 것 같았어. 맘 상하지 말고 들어줘. 불행히도 나에게서 빠져나간 기운이 수화기 건너편에 있는 당신한테도 없으니 안타깝게도 물질 보존의 법칙은 우리 사이에는 통하지 않나 봐. 물질과 에너지가 완전히 소멸된 것 같았어. 그래서 나의 가장 원시적인 어릴 적 악몽이 되살아났어.

그러나 당신과 함께 있는 것이 유일한 답인 것 같아. 당신과 함께 있으면 블랙홀을 볼 수 있어. 그냥 그건 이불로 덮어버려. 그리고 침대 맡에 물 한잔 떠놓고 필요하면 리튬이나 갑상선치료제를 찾아봐. 나도 당신을 어떻게 도울 수 있을지 노력해볼게. 당신이 가르쳐줘. 내가 언제 걱정해야 할지 알아야 해. 우울의 길이? 중대한 사안의 심각성? 아니면 둘이 혼합된 상태? 내가 당신에게 약을 먹고 있는지 물어본다면 얼마나 구체적으로 물어봐야 할까? 당신이 먹고 마시고 있는지 물어본다면 칼로리와 물잔 수를 일일이 따져서 물어야 하나? 실제로 약을 얼마나 먹었는지 어떻게 알지? 로스앤젤레스에서는 댄 아워백에게 전화를 걸 수 있지만, 런던에는 누구한테 전화하지? 앤서니 스토르? 달링턴?

나는 블랙홀이 거기에 있어서 기분이 좋지 않지만 그래도 그것을 보게 돼서 기뻐. 별을 사랑하게 되면 태양 표면의 폭발과 블랙홀과 그 모든 것도 다 받아들이게 돼.

당신의 사랑,

R

리처드는 편지의 마지막 구절을 언급하면서 항상 나를 강렬한 별이라고 생각해왔다고 했다. 그리고 작은 상자를 꺼내 건네주면서 이렇게 말했다. "이건 당신의 태양 표면의 폭발과 블랙홀, 그리고 워싱턴을 뒤덮은 우리의 유성을 위한 거야." 상자 안에는 작은 별 열여섯 개가 박힌 금반지가 들어 있었다. 리처드는 반지를 와인에 담근 다음, 내 손에 끼워주었다. 결혼반지와 그때 로마에서 리처드가 선물해준 금반지 옆에 끼워주었다.

"별을 위하여." 리처드가 말했다.

나는 내 책을 리처드에게 바칠 때 썼던 바이런(1788~1824, 영국 시인)의 《돈 주안》에서 인용한 문구를 언급했다.

"모두를 위하여, 쌍안경과 증기를 통해 / 별을 발견하라, 그리고 바람의 핵을 향해 항해하라."

"당신을 위하여, 안전한 항해를 위하여." 내가 말했다.

지금 되돌아보니 리처드에게 준 발렌타인 데이 선물은 터무니없이 낙관적인 것이었다. 4월 초 빅서에서 일주일간 함께 지낼 수 있게 예약을 해두었다. 그곳에 함께 가본 적이 없어서 늘 함께 가기를 원했었다. 당장 빅서로 여행을 가는 것이 별로 현실성이 없는 것 같았지만 그렇다고 불가능한 것도 아니었다. 긴 여행이긴 했지만 그가 감당할 수 있을 것 같았다. 빅서에 가면 책을 보고 해변을 따라 드라이브를 하면서 생각도 하고 즐길 수 있었다. 다시 우리들의 시간을 멈추게 하고 쉴 수 있었다. 리처드는 현실성을 염려하면서도 뜨거운 반응을 보였다. 집에 돌아오자 빅서의 지도를 꺼내 들고는 무척 기뻐했다. 우리의 여행은 이룰 수 없는 꿈이자 희망과 죽음의 경주와 같았다.

그달 안에 우리는 빅서로 함께 여행을 가지 못하리라는 것을 알게 됐다. 리처드가 심하게 아팠기 때문이다. 예정되어 있던 데이비스의 캘리포니아 대학 강의와 빅서 여행을 취소하겠다고 하자 리처드는 극구 말리며 이렇게 말했다. "당신 너무 지쳤어. 앞으로도 힘든 시간을 보낼 텐데……." 나는 리처드 없이는 아무 데도 가지 않겠다고 했지만, 그는 끝까지 그러지 말라고 우겼다. 결국, 그의 말이 맞았다. 나는 심신이 모두 지쳐 있었다. 3년 동안 리처드를 데리고 존스 홉킨스 병원에 갔으며 리처드가 병원에 있을 때면 그를 찾아갔다. 어떨 때는 워싱턴에서 발티모어까지 하루에 두 번씩 운전을 하기도 했다. 그와 함께 정밀검사와 혈액검사 결과를 기다리고 의사를 만나고 자문을 구하고 처방전을 받았다. 또 그의 병과 치료법에 대해 연구하고 식사를 준비하고 집을 돌봤다. 대책 없이 일을 뒷전으로 미루고 나의 정신상태를 온전히 유지하려고 몸부림쳤으며 리처드와 친구들이나 동료들의 기분이 가라앉지 않도록 노력했다. 무엇보다도 나는 리처드에 대해서 애타게 걱정했다.

우리는 타협했다. 데이비스에 가서 하루 강의하고 난 뒤에 빅서에 가서 2~3일 머무르기로 했다. 내가 없는 동안 엄마가 워싱턴에 와서 리처드를 돌봐주겠다고 했다. 엄마도 내가 며칠 좀 쉬어야 한다는 리처드의 생각에 강력하게 동의했다. 엄마는 내 목소리가 완전히 지친 것 같다며 걱정을 했다. 리처드와 마찬가지로 엄마 생각에도 지금 내게 딱 필요한 곳이 빅서라고 했다. 나는 리처드를 두고 떠나는 것에 죄책감이 들고 리처드의 병세가 악화될까봐 두려웠다.

끔찍한 일은 순식간에 일어날 수 있으니 말이다.

그렇지만 리처드와 엄마의 생각이 옳았다. 나에게는 빅서가 필요했다. 바다 끝에 서서 빅서 해안과 산을 바라보며 내 안에 부서진 것들을 되찾을 필요가 있었다. 설사 그 힘이 리처드의 죽음을 넘길 때까지만 지속된다 하더라도 그것은 중요한 것이었다. 빅서는 나에게 내 영혼의 일부를 되돌려주었으며 나는 그 힘을 리처드에게 돌려주었다.

나는 빅서 다음에 파이퍼 해변에 갔다. 거기서 워싱턴을 떠나기 전에 리처드가 건네준 메모를 읽었다. 리처드는 아이가 낙서한 듯한 글씨로 이렇게 써놓았다. "우리는 정말 오랫동안 이 여행을 원했는데 함께 하지 못했네. 대신에 다른 것을 했잖아. 빅서 여행을 이번 생에서는 함께 할 수 없을 거야. 당신도 알듯이 나는 다음 생이 있을 거라고 믿지는 않아. 하지만 빅서에서 내가 당신과 함께할 거란 거 알지? 사랑해. R."

나는 해변을 걷고 책을 읽고 햇살을 받으며 잠을 잤다. 그리고 좀 더 잤다. 첫째 날 다음부터 정말 내가 얼마나 지쳐 있었는지를 실감했다. 리처드와 약 한 시간 간격으로 통화를 했는데 리처드가 좀 나아지고 있는 것 같다고 하자 워싱턴을 떠났을 때보다 죄책감이 덜 느껴졌다. 내가 좋아하는 책 중의 하나인《과거의 왕이자 미래의 왕(The Once and Future King)》을 다시 읽었는데 아서왕의 결단과 비극적인 상황에서도 발휘되는 낙천적인 기질이 인상적이었다. 이번에 이 책을 읽으면서 그리고 리처드를 보면서 그런 보기 드문 강인함을 더 잘 이해하게 되었다.

날씨는 기가 막히게 좋았다. 빅서에서는 보기 드문 날씨였다. 나는 캘리포니아 아티초크(쌍떡잎식물 초롱꽃목 국화과의 여러해살이풀), 무화과, 살구, 호두를 먹었다. 그리고 태양과 산들바람과 바다와 어마어마하게 키가 큰 나무로 나를 충전했다. 바다를 바라보고 눈을 들어 언덕을 보면서 시편에서 얻는 것과 같은 힘을 얻었다. 그 힘은 빅서에서 오직 리처드와 함께 한 것이 아니라면 할 수 없는 것이라는 생각이 내 마음을 스쳐 지나갔다.

워싱턴으로 돌아왔을 때 리처드의 상태는 나빠졌다. 2주 만에 리처드는 예전 어느 때보다 숨이 가빠지고 몸무게도 5킬로그램 가까이 빠졌다. 그는 폐렴에 걸린 것이다. 거의 아무 것도 먹지 않고 잠만 많이 잤다. 매일 조금씩 그의 목숨이 희미해지는 것이 보였다. 죽음이 다가오는 동안 함께 있다는 친밀감은 상상도 할 수 없었다. 그때 리처드가 이제 최후의 시간을 지나고 있음을 직감했다. 우리는 침대 위에서 서로 아주 가까이 누운 채로 상대방의 몸에서 일어나는 모든 느낌을 느꼈다. 그것은 일종의 길고 드러나지 않는 이별의식이었다.

4월 중순에 에팅거는 리처드의 병이 '진전되었다'고 했다. 그가 이 말을 하는 태도에서 희망이 느껴지지 않았다. 밥 갈로는 조지 워싱턴 대학병원에서 진행되는 실험적인 약물 실험에 리처드를 등록시키고 리처드의 의무 기록과 정밀검사 결과를 밴더빌트의 유전자 치료자에게 보냈다. 리처드는 가을에 국립보건원 백신 임상실험에 참여하기 시작했지만 그다지 오래 살 수 있을 것 같지 않았다.

리처드는 이레사(영국 제약회사인 아스트라제네카사가 폐암 치료용으로 개발한 먹는 항암제)를 복용하기 시작했다. 폐암 환자를 대상으로 약효를 시험하기 위한 실험의 한 부분으로 참여했다. 그 실험이 가망이 있다는 말에 의구심이 들었지만 남은 선택이 별로 없었기 때문이다. 리처드는 기력이 떨어져 컴퓨터로 작업하는 시간이 줄었으며 어쩌다 한번 아주 힘들게 계단을 오르내릴 수 있을 정도였다. 친구들은 더 자주 찾아왔지만, 방문시간은 더 짧아졌다.

그 시점부터 우리는 조용한 밤과 다소 흐트러진 나날을 보내며 기다렸다. 그리고 우리가 알고 있는 현실이 오지 않기를 바랐다. 리처드는 잠을 더 많이 잤고 나는 옆에 누워서 잠을 이루지 못했다. 리처드는 자주 잠들었지만 나는 하루에 몇 시간씩 리처드에게 책을 읽어주었다. 친구들과 동료들도 계속 찾아왔다. 4월 말에 리처드와 나는 가장 가까운 친구들에게 그들이 보여준 우정과 리처드를 살리기 위해 쏟았던 엄청난 노력에 감사하는 뜻으로 저녁 파티를 열기로 했다. 그 파티는 우리의 마지막 만찬이었지만 아름다운 시간이었다. 탁자 위에 다양한 높이의 양초를 여러 개 놓고 정원에서 진달래도 꺾어서 꽂았다. 저녁 식사는 라임을 곁들인 파파야, 설탕에 절인 생강, 무화과, 연어, 샴페인으로 준비했다. 모든 것이 빛나고 아름다웠으며 그날 밤은 모든 상황을 정확하게 알고 있는 친구들과 함께 보낸 참 따뜻한 시간이었다.

다음 날 리처드와 내 묘소를 고르기 위해 로크리크 공동묘지에 갔다. 리처드는 너무 아파서 그곳에 같이 가지 못했지만 그 묘지를 알고 있었다. 클로버 아담스 때문에 세인트 고든스 기념관에 몇 번

가봤기 때문이다. 그날은 4월의 마지막 날이었다. 곳곳에는 꽃이 만발해 있었다. 핸드폰으로 리처드에게 전화를 걸어 다양한 묘소를 설명해주고 어떤 것이 좋은지 물어보았다. 리처드는 오래된 숲과 가까운 곳에 백합 연못이 보이는 공동묘지의 오래된 구역에 있는 자리를 선택했다. 리처드는 영원히 백합 연못 근처에 있을 수 있다는 생각에 좋아했다. 그리고 나에게 자기를 보러 올 때 가끔씩 금붕어를 연못에 넣어도 된다고 웃으며 말했다. 슬픈 농담이었다.

나는 꼭 필요한 경우가 아니면 집을 떠나지 않았다. 리처드와 떨어져 있으면 산만하고 불안해서 그와 꼭 함께 있어야 했다. 5월 초에 밥 갈로는 리처드에게 자신의 연구실에서 실험하고 있는 약 중에서 항종양 활동을 보여준 약을 추가로 시도해보자고 에팅거에게 제안했다. 리처드는 이레사와 포크만의 식이요법과 함께 갈로가 제안한 약을 먹었다. 식이요법에 따라 희고 부드러운 치즈와 통조림 복숭아를 조금씩 먹고도 괜찮은 정신을 유지했다. 리처드는 불평을 하지 않았다. 기운이 있을 때 논문을 썼고 기운이 없을 때는 나에게 책을 읽어달라고 했다.

나는 끔찍한 일도 해야 했다. 그중에는 소소한 일도 있었지만 어떤 일은 그렇지 않았다. 친절한 여성 판매원에게서 베일이 달린 검정 모자를 샀다. 그 정도는 괜찮은 일에 속했다. 장례식 준비를 위해 장의사에 갔다. 아주 친절한 남사가 안내를 해주었는데 남편이 내가 여기에 온 것을 아냐고 물었다. 나는 그 질문에 놀라서 이렇게 대답했다. "그럼요 당연히 알죠."

"남편한테 알리지 않고 여기 오는 부인들이 얼마나 많은지 알면

놀라실 겁니다." 그가 말했다.

늘 그랬듯이 나는 리처드의 죽음에 대한 직접적인 태도와 피할 수 없는 죽음을 감내하는 능력에 대해 고마움을 느꼈다. 나는 단순한 박달나무 관을 고른 후에 리처드는 곧 물고기에게 던져질 것이지만 나와 다른 사람들의 기억을 위해서 육체를 보존하기를 원한다고 장의사에게 말했다. 또 리처드는 의사이자 과학자로서 많은 생명을 구했으며 내가 얼마나 그를 사랑하는지를 말했다. 장의사에게 필요 이상으로 많은 말을 했다. 보아하니 나만 그런 것이 아닌 것 같았다.

5월에 리처드와 나는 캘리포니아에서 시작했던 장례계획에 대한 이야기를 계속 이어나갔다. 이제 햇살 아래 벤치가 아니고 그 좋았던 시간은 이미 지나갔다. 리처드는 침대 머리맡에 베개를 대고 기대고 있었고 나는 발판 부분에 앉은 채로 이야기했다. 리처드가 원하는 운구할 사람과 안내인, 추도문을 낭독할 사람에 대해 이야기했다. 나는 조지타운에 있는 그리스도교로 옮기기 전에 라파예트 광장에 있는 성 요한 교회에 다녔는데 그 교회 목사인 존 하퍼가 친구로서 리처드가 아플 때 몇 번 보러 왔었다. 존 하퍼는 리처드에게 찬송가 테이프를 주고 장례식에서 가장 흔히 사용되는 노래를 알려주었다. 리처드는 혹시 크리스마스 캐럴을 쓸 수 있는 방법이 있냐고 물었지만 하퍼 목사는 그것은 용인되지 않을 것이라고 말했다. 리처드와 나는 그냥 웃었다. 리처드는 철저한 비신자였지만 크리스마스 캐럴을 나보다 훨씬 더 좋아했다.

리처드는 《성공회 기도서》에서 장례식 부분을 읽어달라고 하고는 거기에 의학이나 과학과 관련된 성서 구절이 있는지 물어보았다. 나는 모르겠다고 했다. 나중에 우리 교회의 목사인 스튜어트 켄워시와 이야기를 해보니 누가 복음의 한 구절을 제안했다. 그다음에는 찬송가 부분으로 넘어갔다. 리처드는 〈놀라운 은총〉 을 무조건 원했고 나머지 두 곡은 존 하퍼가 준 찬송가 중에서 골랐다. 그는 내가 특별히 좋아하는 곡을 하나 넣고 싶다며 내가 제일 좋아하는 노래가 무엇인지 물어보았다. 우리는 침대에 누워서 내가 제안한 찬송가 세 곡을 들었고 리처드가 자신의 감상을 알려주었다.

리처드는 〈주 하나님 지으신 모든 세계〉는 넘기겠다고 씁쓸하게 말했다. 내가 좋아하는 〈내 갈 길 멀고 밤은 깊은데〉는 좋지도 싫지도 않다며 그 곡도 넘기겠다고 했다. 리처드는 〈영원하시고 보이지 않으시며 지혜로우신 하나님〉을 다시 듣자고 하고는 평생 읽기장애 때문에 시와 씨름을 했다며 솔직하게 말했다. "가사가 무슨 뜻인지는 모르겠지만, 음악이 좋아." 그래서 리처드는 내가 좋아하는 줄 알지만 자기는 이해하지 못하는 곡을 골랐다. 리처드가 말한 대로 의미를 꼭 이해해야 할 필요는 없었다.

우리는 장례식 프로그램을 대충 훑어보았다. 로스앤젤레스에서 우리 결혼식 축사로 사용했던 《성공회 기도서》의 구절을 내가 읽고 예정된 식순에 따라 찬송가를 틀었다. 제시 노먼이 부른 〈놀라운 은총〉을 틀었다. 리처드가 너무나 좋아하는 그 곡을 우리는 같이 들었다. 그 곡이 끝났을 때 리처드를 보니 얼굴에 엷은 미소를 띠고 있었다. "정말 좋다!" 리처드가 말했다. "이걸로 하자고!" 리처드는 쉽게 웃었지만 나는 웃음이 나오지 않았다.

시간이 지나도 리처드는 전혀 나아지지가 않았다. 잠을 더 많이 잤고 산소를 공급해도 바다에서 건져 올린 물고기처럼 다시 숨을 헐떡거렸다. 실험 약물 두 가지 모두에 반응을 보이지 않자 싸늘한 공포가 집으로 밀려왔다. 나는 다시 장의사를 찾아가서 지난번에 도움을 받았던 남자와 이야기를 했다. 그 사람은 친절하고 직선적이었으며 나를 안심시켜 주었다. "저희가 남편 분을 잘 모시겠습니다." 그는 자기네 장의사에서 올리버 홈스(1841~1935, 미국 법률가이자 재판관), 프랭클린 루스벨트 서굿 마셜(1908~1993, 미국 법학자로서 미국 연방 법원에 재직한 최초 흑인), 존 F. 케네디의 장례를 맡아서 치렀다고 했다. 나는 남편이 기뻐하겠다고 특히 서굿 마셜과 같은 곳에서 장례를 치르는 것에 대해 아주 좋아하겠다고 말하고는 그곳을 나왔다.

"나중에 뵙겠습니다." 그가 말했다.

대답을 하려 했지만, 심장이 멎는 것 같았다.

2002년 6월, 우리 집 앞마당에는 디기탈리스(쌍떡잎식물 합판화군 통화식물목 여러해살이풀)가 높이 자라 있었고 인동덩굴이 돌담장 곳곳으로 뻗어 오르고 있었다. 나는 분홍색과 흰색 함박꽃을 한 아름 꺾어서 침실에다 꽂아두었다. 리처드와 열일곱 번의 여름을 함께 했지만, 우리 마당에 그 해 6월 초만큼 나비가 많았던 적은 없었다. 리처드에게 주려고 작은 하얀 나비를 잡으려고 했지만 잡을 수가 없었다. 리처드는 나에게 나비를 잡으려 해서는 안 된다고 했다. 나비는 마당에서 자유롭게 날아다녀야 하니까.

기쁨이 별빛이 되리라

우리는 마지막 시간을 침실 건너편 방에서 함께 책을 읽고 글을 쓰며 보냈다. 리처드는 써주기로 했던 동료 책의 머리말을 썼고 나는 책을 읽었다. 리처드는 몹시 피곤해했으며 이따금 잠이 들기도 했다. 평화로움 속에서 개인적인 시간을 보낸 좋은 날이었다. 나는 집필 중인 열광에 관한 책 중 그 전날 썼던 글을 리처드에게 읽어 주었다. 리처드가 처음 림프종으로 아픈 후로 우리는 습관처럼 그렇게 했다. 내가 로버트 루이스 스티븐슨의 글을 인용한 것을 듣더니 리처드는 젊음과 노년에 관한 스티븐슨의 원작을 읽어 달라고 했다.

나는 차를 한 잔씩 타고 스티븐슨의 글을 읽기 시작했다. "순식간에 지나가는 우리네 인생을 휩쓸어가는 급류에 비유할 수 있다. 우리는 언뜻 보거나 만져볼 수 있을 뿐이다. 우리는 자신의 이론에서 벗어나 빙글빙글 돌다가 이런저런 인생 혹은 전혀 다른 인생관을 보게 된다. 바보나 애송이만이 자신의 의견을 고수할 수 있다. 우리는 인생의 한 모습만을 보고 그것을 연구했다고 말한다. 하지만 가장 정교한 시각은 느낌 그 이상 아무 것도 아니다."

스티븐슨은 사람이 아무리 무언가를 주의 깊게 연구한다 해도 그 사람이 이해한 것은 불완전하며 단지 느낌일 뿐이라고 주장한다. 리처드는 스티븐슨의 생각에 호기심을 느꼈다. 그의 글을 읽고 힘을 얻은 것 같기고 하고 혼란스러워 하는 것 같기도 했다. 자신의 과학에 대한 부분적이고 변하기 쉬운 지식에 대해 이야기했다. 정신분열병과 뇌에 대한 이해는 급속도로 진전되고 많이 알려졌지만, 실제로 우리가 알고 있는 것은 얼마 되지 않았다. 그나마 우리의 지식 대부분도 변한다. 리처드는 자신이 미래에 발견될 새로운 지식에 기여하지 못하고 죽어가고 있다는 사실이 얼마나 원통한지 한참 동안 이야기했다. 정신분열병이 왜 생기는지 또 어떻게 예방할 수 있는지, 이것들은 20년 후면 자기가 지금 전혀 알지 못하는 새로운 지식이 발견되어 평범한 과학지식이 될 것이라고 했다.

리처드가 한 말은 사실이었다. 과학에서 발견이란 혜택이자 상처이다. 많은 지식들이 새로운 발견에 의해 대체될 것이다. 새로운 지식을 추구하는 것은 그것 자체만으로 보람이 있는 일이며 그 지식이 또 새로운 지식을 낳는 것이라고 말해주는 것 외에는 달리 리처드의 회한을 달래줄 말이 없었다. 의학 연구자들에게는 고통을 줄이고 생명을 구하는 데서 얻는 보상이 있다. 나는 리처드에게 그가 자신의 과학적 연구와 의사라는 직업을 얼마나 깊이 사랑했으며 정신분열병과 다른 정신질환으로 고통 받는 사람들의 삶을 얼마나 향상시켜주었는지 알려주있다. 리처드는 자신의 열성과 호기심, 지적인 면에서의 정확성을 자신이 가르친 젊은 과학자 수백 명에게 전해주었다. 나를 비롯하여 젊은 과학자들과 동료에게 리처드는 극기와 상상을 실천하고 포기를 모르는 사람의 전형을 가장 잘 보여주는 사례였다.

"그런가?" 리처드가 말했다.

말은 그렇게 해도 리처드는 내가 한 말이 사실임을 알고 있었다. 리처드의 동료와 제자들은 리처드의 과학과 성격에 대한 존경심을 분명하게 표시했다. 죽음이 임박한 동료에게 과장된 찬사를 했을 수도 있지만, 그의 동료들이 보내준 찬사에는 분명히 진정성이 느껴졌다.

"그래, 아마도." 리처드가 말했다.

리처드는 말은 그렇게 했지만 이내 웃음을 보였고 기분이 좋아진 것 같았다.

리처드는 죽고 싶어 하지는 않았지만 죽음을 두려워하지 않았다. 리처드는 뇌에 대한 탐구를 끝내기를 원하지 않았지만, 그동안 열정적으로 달려왔다는 사실을 알고 있었다. 그는 뛰어난 두뇌를 이용해서 이상이 있는 뇌를 연구했으며 그 분야에서 중요한 업적을 남겼다. 리처드는 그 시점에 죽는다는 사실을 생각하면 불행했지만 여태까지 살아온 생을 보면 그래도 운이 좋은 사람이었다.

그날 밤 나는 오랫동안 리처드의 팔을 베고 누워서 우리에 대해서 그리고 그에 대해서 생각했다. 몇 달간 느껴보지 못했던 평화로움을 느끼며 우리가 생각했던 것보다 더 오랫동안 함께 지낼 수 있을지도 모른다는 희망을 느꼈다. 그런데 아침에 일어나보니 리처드가 숨을 헐떡이고 있었다.

즉시 조지 워싱턴 대학병원으로 갔다. 리처드를 검사한 의사는 리처드의 양쪽 폐가 다 망가졌다고 했다. 아마 짧은 기간 내에 그렇게 된 것 같다며 다행히도 운이 좋아 가슴에 튜브를 삽입하여 숨을 잘 쉬게 할 수 있다고 했다. 리처드는 수술을 받았고 그날 밤 나는 병원에서 허용하는 시간까지 리처드와 함께 있었다. 하지만 리처드는 차도가 없어 보였다. 여태까지 봐왔던 것 중에서 가장 아파 보였다.

면회시간이 끝나자 간호사가 나에게 병실에서 나가달라고 했다. 그 말에 나는 몹시 동요되었다. 이제 와서 돌이켜 생각해 보니 그 불안감은 마치 죽어가는 짝 곁에서 멀리 떨어져 나가는 동물의 원시적인 고통이었다. 나는 병원에서 30년 가까이 일을 하면서 규칙의 필요성을 느꼈다. 하지만 규칙은 꼭 필요할 때에만 중요한 것이다.

병실을 나갈 때 리처드가 말했다. "자기야 사랑해."

"나도 사랑해." 내가 말했다. 그리고 몸을 숙여 리처드에게 키스를 했다. "아침에 봐." 이 말은 우리가 근 20년 동안 매일 밤 하던 인사였지만 이번이 마지막이 되었다.

다음날 새벽 네 시에 중환자실의 의사가 전화를 걸어 리처드의 건강이 악화되어 심각한 상태라고 했다.

의사가 말했다. "와이엇 부인, 병원에 최대한 빨리 오셔야 할 것 같습니다. 별로 가망이 없습니다."

병원으로 운전하는 길은 악몽 같았고 중환자실로 달려가는 동안은 더 끔찍했다. 마침내 리처드의 병실을 찾고 그를 보았을 때 그가 죽어가고 있음을 알았다. 의식이 없는 리처드는 얽힌 튜브, 모니터,

인공호흡장치에 연결되어 있었다. 의식이 없었지만, 예전에 방사선에 의한 식도 손상 때문에 인공호흡장치를 힘겨워하고 있었다.

리처드는 끝내 의식을 회복하지 못했다. 감염을 막고 혈압을 높이기 위해 수액을 주입했기 때문에 리처드의 얼굴이 부어올랐다. 중환자실에서 이틀째 되던 날은 얼굴을 알아볼 수 없을 정도였다. 의사는 거의 가망이 없다고 했다. 설령 삽시간에 퍼진 패혈증을 이긴다 하더라도 인공호흡장치를 떼기는 어려울 것이라고 했다. 모니터의 숫자가 불안정하게 요동치는 것을 보니 나의 기분도 따라서 요동쳤다.

우리 교회의 목사인 스튜어트 켄워시가 병원에 들렀다. 스튜어트 목사와 이야기를 하고 나니 놀라울 정도로 기분이 많이 좋아졌다. 그것은 오래되고 본질적인 위안이었다. 아마 목사들은 세례에서부터 죽음까지 인간의 삶을 목격하기 때문에 일반 사람들보다는 더 심오하고도 실질적인 관점으로 죽음을 바라보는 것 같다. 스튜어트 목사는 확실히 나보다는 중환자실에서도 편안한 것 같았다. 나는 리처드의 신체 변화를 받아들이기 어려웠다. 스튜어트 목사에게 리처드의 부은 얼굴 모습을 잊을 수 있을지 모르겠다고 말했다. 부은 얼굴은 아주 사소한 문제였지만 그 모습이 머리에서 떠나지 않았다. 스튜어트 목사는 때가 되면 잊혀질 것이라며 리처드의 사진 중 내가 제일 좋아하는 사진을 집안 곳곳에 놔두면 차차 리처드의 평소 모습을 기억하게 될 것이라고 했다. 그것은 훌륭한 충고였으며 실제로 효과가 있었다.

스튜어트 목사가 병실을 나간 뒤에 나는《성공회 기도서》를 꺼내

장례식 부분을 읽기 시작했다. 그 부분은 "예수께서 말씀하시길 나는 부활이요 생명이니,"라는 구절로 시작되었다. '아직 아니야. 곧 이건 지긋지긋하게 들을 건데.' 나는 책을 덮었다. 그러고 나서 그럴 때 늘 하던 대로 마음속으로 앞으로 닥칠 일에 대비하고 위안이 될 만한 과거를 찾아냈다.

나는 리처드 옆에 서서 그 기도서를 휙휙 넘기면서 마지막으로 소리 내어 글을 읽어주었다. 그것은 로스앤젤레스에서 목사가 우리에게 읽어주었던 기도였다. "서로에 대한 저들의 사랑이 가슴에 새긴 도장이 되게 하소서. 그 사랑이 어깨의 망토가, 이마 위의 왕관이 되게 하소서. 저들의 일과 우정에서, 잘 때나 깨어 있을 때나, 기쁠 때나 슬플 때나, 살아 있을 때나 죽은 후에나 저들을 축복하여 주옵소서."

죽음에 대해 상상조차 할 수 없었던 삶을 살 때에는 그 기도가 전혀 다른 의미로 다가왔었다. 그때는 사랑, 우정, 기쁨 이런 단어만 들렸는데 이제는 슬픔과 죽음 이런 반대되는 단어가 들렸다. 하지만 사랑은 그때나 지금이나 변함없이 들렸다.

얼마 후에 주치의가 와서 말했다. "와이엇 부인, 이제 남편께서 지시해두신 일을 말씀 드려야 할 것 같습니다." 주치의는 직설적이면서 친절했고 아주 전문가다웠다. 우리는 리처드가 사전에 지시한 사항을 자세히 검토했다. 리처드의 지시 사항은 아주 명확했다 우리는 의학적인 상태에 근거해서 연명장치를 제거하기로 결정했다. 나는 조증이 재발할까 두려워 몇 시간이라도 눈을 붙이려고 근처에 있는 호텔에 갔다. 가면서 리처드의 마지막 순간에 내가 함께

할 수 있게 제발 그날 밤을 무사히 넘길 수 있기를 간절히 바랐다.

다행히도 리처드는 그날 밤을 넘겼다. 다음날 아침 중환자실 의사들이 회진하면서 리처드의 상태에 대해 이야기할 때 같이 참석하겠느냐고 물었다. 그들이 이야기하는 것을 들었는데 그들은 리처드의 죽음이 피할 수 없다는 사실을 명확히 했다. 리처드는 심장, 폐, 신장, 간을 비롯한 모든 장기가 다 손상된 상태였다. 리처드의 동공은 고정되고 확장해 있었다. 다시 말해 살아날 가망이 전혀 없었다. 우리는 리처드가 남긴 지시사항을 다시 한 번 검토했다. 그리고 나는 혈압 상승제와 인공호흡장치를 제거하기로 결정했다. 너무나 간단한 결정이라 지난 며칠간 불안정하고 혼란스러웠던 모니터 숫자에 비하면 싱거운 결말처럼 느껴졌다. 리처드는 사실상 이미 죽은 상태나 다름없었다. 그 사실을 내가 시인하는 일만이 남아 있었던 것이다. 나는 냉철하게 두려움을 느끼며 그 일을 했다.

중환자실은 의당 밝고 열린 공간이었지만 간호사들은 리처드의 죽음에 프라이버시를 보장해주려고 최선을 다했다. 그들이 취한 조치와 태도는 아주 사려 깊고 몸에 밴 듯 능숙했다. 그들은 리처드 침대 둘레에 커튼을 치고 불빛을 희미하게 한 다음에 플라스틱 관과 염소 울음소리 같은 소리를 내는 기계를 제거했다. 그는 잠시 겨우 목숨을 유지했다. 나는 무슨 말을 해야 할지 몰라 계속 이 말만 하고 또 했다. "행복하게 해줘서 고마웠어."

내 자신에게는 이렇게 말했다. '남편을 돌려주세요.' 그 후 몇 주 동안 주문처럼 그 말을 되뇌었다. '남편을 돌려주세요.'

나는 너무나 오랫동안 너무 많은 것을 겪은 리처드의 몸을 바라보았다. 책의 힘으로 가장 온화한 이미지를 떠올렸다. 리처드와 내가 좋아했던 책《워터십 다운》에서 넓고 열린 마음을 가진 토끼들의 대장 헤이즐을 떠올렸다. 헤이즐은 죽었을 때 자신의 몸을 도랑가에 남겨두고 피곤함에서 벗어나 자유로이 숲을 지나 앵초(쌍떡잎식물 앵초목 앵초과의 여러 해 살이풀) 벌판으로 달려갔다. 공정하고 자기 확신에 차 있던 헤이즐을 생각하면 항상 리처드의 삶과 죽음에 임했던 태도가 떠올랐으며 헤이즐이 자신의 삶에 가볍게 이별을 고하던 이미지가 참 위안이 되었다.

나는 책이 주는 위안을 진정으로 이해하기 시작했다. 슬픔을 느끼는 동안 사람의 마음속에 떠다니는 이미지가 늘 온화한 것만은 아니라는 사실을 곧 알게 되었다. 그때 마음은 두 가지로 나뉘질 수 있다. 불안하거나 혹은 즐거운 기억, 위안을 주거나 혹은 혼란스러운 기억을 쏟아낼 수 있다. 마음은 예측할 수 없는 것이다. 물론 나는 그 점을 잘 알았다. 하지만 어떤 것이 밀려와도 헤이즐의 해방 이미지는 내게 가장 필요한 때의 선물과 같았다.

나는 리처드의 어깨에 머리를 기대고 완전히 무너졌다. 그러고 난 뒤 리처드에게 작별의 키스를 하고 다른 방으로 가서 사망과 관련된 서류작업을 마쳤다.

그날 나머지 시간은 부검 동의, 장례 준비, 누구한테 전화를 걸고 무엇을 할지 등등 실질적인 일로 빽빽했다. 그런 일을 왜 하는지에 대해서는 생각할 여유가 없었다. 리처드가 죽은 그날 밤 엄마와 오빠, 리처드의 가족과 친한 친구들과 함께 메릴랜드의 풀이 우거진 야외에 앉아서 저녁을 먹기 전 민트 줄렙을 마셨다. 6월 초의 아름다운 밤이었다. 우리는 상황에는 맞지 않지만 이상하게 즐거운 시간을 보냈다. 슬픈 상황임에도 불구하고 모든 사람이 하나가 되어 추억을 회상하며 웃었다. 리처드와 나는 너무 달라서 그것만으로도 많은 웃음을 자아냈다. 늘 그랬던 것처럼 말이다. 나의 친구 제레미가 샴페인 한 병을 주문해서 리처드를 위한 건배를 제안했다. 우리는 다 같이 잔을 들어 제일 먼저 리처드를 위하여, 그다음은 리처드와 나를 위하여, 그다음에는 친구들을 위하여 건배했다. 친구들과 가족 덕분에 힘겨웠던 지난 몇 년 동안을 리처드와 나는 단지 견딘 것이 아니라 잘 이겨냈다. 그들은 앞으로도 계속 그렇게 내가 리처드의 죽음도 견딜 수 있게 해줄 것이다.

우리 부부에게 좋은 친구인 나의 존스 홉킨스 병원 동료와 그 아내들이 그 다음 날 저녁식사를 함께 하기 위해 볼티모어에서 와주었다. 그들 부부는 친절함과 함께한 기억뿐만 아니라 수면제도 가지고 왔다. 내가 잠을 못자서 조증이 재발하는 것을 막기 위해 수면제를 챙겨온 것이었다. 내가 그럴 리는 없겠지만, 의사에게 전화를 걸고 약국에서 기다릴 필요 없게 직접 처방전을 써서 약을 챙겨온 것이었다. 그것은 아주 사소한 친절이었지만 나에게는 엄청나게 중요한 것이었다. 많은 친구들과 동료들이 정신과 의사일 뿐만 아니라 기분장애 전문가라는 사실이 내게 큰 도움이 되었다. 무엇보다도 그들의 따뜻한 마음이 가장 큰 힘이 되었다. 그 이후 몇 달간 그들은 자주 전화를 걸어 내가 충분히 잠을 자고 있는지, 조증이나 우울증이 재발하지 않았는지 확인했다.

해야 할 일이 무척 많았다. 장의사가 전화를 걸어 리처드에게 입힐 옷을 갖고 오라고 했다. 그 일은 정말 견디기 힘든 일이었다. 런던에서 내가 사준 셔츠와 결혼식 때 맸던 실크 넥타이와 회색 바지를 골랐다. 리처드에게 왜 그렇게 불편한 정장을 골라주었는지 지금도 모르겠지만, 왠지 그렇게 해야 할 것 같았다. 그것은 끔찍하고 무의미한 일이었다. 리처드의 옷을 챙기는 내내 울었다. 며칠 뒤 마침내 리처드의 시신이 장례식장으로 운반되었을 때 정식으로 그의 몸을 확인했는데 리처드의 모습을 알아보기가 어려웠다. 어쨌든 사망 확인서에 서명하고 관을 닫고 아무에게도 그의 시신을 보여주지 말라고 당부했다.

장례식은 우리 교회에서 몇 블록 거리에 있는 성 요한 교회에서 열렸다. 우리 교회는 복구 중이었기 때문이다. 교회는 꽉 찼고 장례식은 훌륭하게 진행되었다. 독창자가 〈나 같은 죄인 살리신〉을 멋지게 불렀다. 리처드가 노래 가사에 얼마나 귀를 기울였는지 모르겠다. 나는 그 찬송가를 잘 안다고 생각했지만, 그날 오후에는 그냥 듣기만 했다. 그렇게 듣다 보니 리처드를 위해 '위험'과 '은혜'라는 단어가 귀에 들어왔다. 은혜가 리처드를 본향으로 인도할 것이다. 리처드는 한 번도 자신을 은혜라는 관점에서 생각해보지 않았겠지만 나는 생각했다. 최소한 특별한 종류의 은혜를 말이다. 분명 리처드는 찬송가에서 의미하는 대로 '본향에 가는 것'을 생각해보지 않았겠지만 그래도 똑같이 아름다운 인도였다. 그리고 그것은 리처드를 위한 것이었다.

밥 갈로와 짐 왓슨은 리처드의 과학자이자 의사이자 친절한 사람으로 살아 온 삶을 담아 추도연설을 했다. 기쁘게도 밥은 얼마 전에 몇몇 친구들과 함께 저녁식사를 했던 일에 대해서도 자세히 이야기했다. 그때 리처드는 친구들 앞에서 뜬금없이 나에게 이렇게 말했다. "사랑해. 당신, 너무 예뻐." 밥은 그때나 장례식에서나 리처드가 낭만적인 행동에 대한 기대치를 높여놓는 남자라고 했다.

우리 오빠가 천천히 설교단으로 다가갔다. 오빠는 리처드의 관을 얼핏 쳐다보더니 넥타이를 매만졌다. 생각을 정리할 때면 하는 버릇이다. 그러고는 등을 세우고 준비해온 메모를 연단 위에 놓고 추도연설을 시작했다. 오빠는 우리 가족을 대표하여 리처드의 아이들과 전 부인에게 애도의 뜻을 표하고 리처드의 의사들과 동료에게 감사를 표시했다. 그러고 나서 장례식 프로그램에 있는 사진에 대해 이야기했다. 그 사진은 리처드와 내가 셰넌도어 계곡에서 결혼을 한 날에 찍은 사진이라고 했다. 오빠와 엄마는 나와 달리 평소 조용하고 침착하게 행동하는 리처드가 '순수한 기쁨'과 초조함이 가득한 얼굴로 오빠가 기다리고 있던 윈체스터 카운티 법원 계단을 말 그대로 뛰어올라오는 모습을 보았다고 했다. 오빠는 그때를 놀랄만한 순간이자 마법 같은 날이었다고 회상했다.

그날은 정말 마법 같은 날이었다. 리처드의 말에 따르면 셰넌도어 계곡이 있는 그 지역은 남북전쟁 때 70번이나 변절을 했던 곳이라 하여 그곳에서 결혼식을 해도 되나 하고 좀 망설였다. 하지만 리처드와 나는 셰넌도어 계곡에서 같이 주말을 몇 번 보낸 적이 있어서 낭만적인 추억들과 떡갈나무, 자작나무, 사과나무, 히코리나무의 아름다움에 빠져 결국 거기서 결혼식을 하게 됐다. 어린 시절 나는 셰넌도어 계곡에서 여름 사냥을 할 때 말을 타고 전속력으로 달리고 말을 탄 채 강에서 수영을 했었다. 셰넌도어 계곡은 워싱턴에서 멀지 않으니 리처드의 말대로 왔다 갔다 하는 길에 우리는 폴 로브슨의 〈셰넌도어〉를 틀 수 있었다. 실제로 우리는 그 노래를 여러 번 반복해서 들었다. 셰넌도어 계곡은 결혼식을 올리기에 멋진 장소였으며 그날은 정말 완벽한 날이었다. 엄마와 오빠, 리처드와 나 이렇게 우리 넷은 결혼식이 끝난 뒤에 워싱턴으로 돌아와서 조지타운에서 샴페인을 마시고 조용히 저녁식사를 했다. 우리는 더할 나위 없이 행복했다.

그날 밤에 리처드와 나는 남편과 아내로서 처음으로 사랑을 나누었다. 그러고는 리처드가 나를 보고 부드럽게 속삭였다. "와이엇 부인, 잘 자요."

나는 섹스와 행복에 취해 잠이 들 무렵 생각했다. '아, 정말 아름다워. 낯설기도 하고 놀랍기도 하고.'

"와이엇 박사님도 잘 자요." 나도 속삭였다.

잠깐 침묵이 흘렀다. 그러고 난 뒤에 옆에서 리처드가 웃느라 몸을 들썩거리는 것이 느껴졌다.

"그냥 리처드라고 불러." 그가 말했다.

신혼 첫날밤 나는 그렇게 크게 웃으며 사랑에 겨운 채로 잠들었다. 우리는 인생이 유한하다는 것을 알고 있었지만, 그날 밤은 사랑이 그랬던 것처럼 시간마저도 우리에게 관대할 것이라고 믿었다.

리처드의 장례식에서 웃다니 얼마나 이상한 일인가! 리처드가 죽었는데 나는 웃고 있었다. 슬픔이라는 것이 그렇다. 웃음은 절망 가까이에, 무감각은 예리함 가까이에, 기억은 망각 가까이에 있었다. 나는 그 사실에 익숙해져야 했지만, 그때는 알지 못했다. 토머스 제퍼슨 교회에서 리처드의 관 옆에 앉아 있을 때에는 기억이란 기쁨을 준 다음 엄청난 고통을 주는 것이라고만 생각했다.

장례식 후반부에 나는 리처드를 위해 선택한 글을 낭독했다. 스코틀랜드의 시인 조셉 맥클리오드의 〈사랑의 노래〉 구절이었다.

당신의 감촉이 우리를 지혜롭게 해줄 것이며
당신의 고요함이 그것을 진실되게 해줄 것이며
기쁨이 우리가 해야 할 일을 비추는 별빛이 되리라

나는 리처드를 위하여 별과 고요함을 원했으며 우리를 위해 기쁨을 원했다.

나는 리처드의 시신과 한 차에 타고 로크리크 묘지에 갔다. 억수같이 쏟아지는 빗속에서 묘지로 향하는 차 안이 외롭고 낯설게 느껴졌다. 묘지 안내원들이 떠나고 날씨는 엉망이었다. 그래서 작은 교구 교회에서 하관 예배를 진행했다. "흙에서 흙으로, 재에서 재로, 먼지에서 먼지로." 오랫동안 전해져오는 이 말이 위안이 되었다. 기도가 끝난 뒤 나는 리처드의 관 위에 노란 튤립을 놓고 박달나무 관을 통해 리처드에게 키스를 했다. 리처드는 가까이에 있지 않았지만 아직 떠나지 않았다. 그러고 나서 나는 억수 같은 빗속으로 걸어 나갔다.

다음날 아침은 사나웠던 전날의 날씨를 보상하기라도 하듯 화창했다. 어제 리처드의 몸을 땅에다 맡길 때 그런 날씨였다면 좋았으련만. 무덤은 아주 깊어서 나의 관이 들어갈 자리라는 것을 여실히 보여주었다. 리처드의 관을 내려다보며 작별인사를 하는 방법을 생각해보려 했지만 나의 마음이 평화롭게 작별을 하도록 내버려두지 않았다. 마음은 "잘 가. 사랑해."라고 말할 여지를 주지 않고 대신 끔찍한 질문과 이미지만 쏟아냈다.

'리처드는 의식을 잃기 전에 마지막으로 무슨 생각을 했을까?' 나는 내 자신을 고문했다. '병원에서 모니터가 연결될 때, 주사바늘이 들어가고 목에 튜브를 집어넣을 때 어떤 느낌이었을까? 두려움? 고통? 머릿속으로 다른 생각을 하려고 노력하기도 했을까? 희망을 생각해봤을까? 리처드가 심하게 아프다는 것을 알면서 나는 왜 병실에 같이 있어주지 않았을까? 그때는 왜 간호사가 시키는 대로 어리석은 규칙을 따랐던 것일까?'

어떻게 마음을 멈추어야 할지 몰라 나쁜 생각을 없애줄 만한 다른 생각과 이미지를 찾았다. 다시 〈성공회 기도서〉를 넘겨보다가 우리 결혼을 축복하기 위해 썼던 두 번째 결혼 기도문을 발견했다. 그때는 정말 아름답고 행복한 날이었다.

목사가 우리에게 말했었다. "저들에게 일상생활에서의 지혜와

헌신적인 사랑을 주소서. 서로에게 필요할 때 힘이 되어 주고 어려울 때는 위로자가, 슬플 때는 위안이 되어주며 기쁠 때는 기쁨을 함께하는 벗이 되게 하소서."

나는 어려울 때 위로자가 되어주고 기쁨을 함께하던 나의 벗이 그리울 것이다. 내 일상의 전부였던 리처드가 무척이나 그리울 것이다.

나의 사랑 리처드

제 3 부

잃어버린 것들

크리스마스 장작은 서리로 반짝이고
이곳은 바람 한 점 없네
사방은 쥐죽은 듯 고요한데
그 고요함 속에 무언가 잃어버린 것이 있네

앨프레드 로드 테니슨

야생화와 화강암

리처드가 죽고난 후 몇 주 동안 종잡을 수 없이 시간이 지나가고 기억도 오락가락했다. 도대체 마음이 어떻게 돌아가는지 이해할 수가 없었고 이해하려는 노력도 곧 그만두게 되었다. 죽음으로 받은 충격 때문에 그나마 정신을 잃지 않았던 것 같다. 그 덕분에 장례를 비롯한 여러 가지 일을 무사히 마칠 수 있었을 것이다. 하지만 충격이 정신을 잃지 않게 보호해주는 데도 빈틈이 많았다. 전혀 예상하지 못한 상황에서 기억이 나를 굴복시키더니 이어서 싸늘한 공포가 찾아왔다. 리처드는 죽었다. 이제 두 번 다시 그를 볼 수 없을 것이다. 어쩌면 기억은 인식 여부나 인식 시기를 결정하는 규칙이 있을지도 모른다. 하지만 나는 전혀 알 길이 없었다. 논리는 전혀 예측할 수 없는 세계에서 왔다.

리처드가 죽은 뒤에 남겨진 실질적인 문제와 전통에 따라 처리해야 할 일이 있었다. 일단 어디서 시작해야 할지만 찾으면 됐다. 그러면 어떻게든 진행될 것이었다. 우선 리처드의 물건을 분류하는 일부터 시작했다. 험난한 지뢰밭을 밟는 일이라는 것을 알았지만, 그때는 그 일부터 시작해야 할 것 같았다. 리처드의 책상, 책, 옷, 서류, 금융 관련 서류철, 리처드에게 별 약효가 없었던 약을 정리하는 것이었다.

리처드의 책상부터 시작해야 할 것 같았다. 하지만 곳곳에 널려 있는 리처드의 흔적으로 계속하지 못하고 곧 그만두었다. 책상 위의 유리 사발 안에 열쇠 꾸러미 하나가 들어 있었다. 우리 집과 리처드의 사무실 열쇠, 성 엘리자베스 병원의 병동 열쇠, 국립보건원 열쇠, 리처드의 연구실과 자동차 열쇠였다. 대부분의 열쇠에는 라벨이 붙어 있었다. 하지만 이제 누구한테 그게 필요하단 말인가? 책상 위에는 리처드의 지갑도 있었다. 손을 댈 수도 대지 않을 수도 없었다. 지갑 안에는 나의 사진이 있었다. 사진 속의 나는 긴 머리를 하고 환하게 웃고 있었다. 이제 두 번 다시 그렇게 웃지 못 할것이다. 지갑에는 또 신용카드, 운전 면허증, 의사 면허증이 있었다. 의사 면허증에는 리처드가 '컬럼비아 특별구에서 의술을 펼 수 있도록 등록되었다' 고 적혀 있었다. 일상생활에서 보기 드문 시적인 표현이 아닌가? 리처드는 '의술' 이라는 표현을 눈여겨보았을까? 알 수 없는 일이었다. 이제 리처드에게 물어볼 수가 없으니.

나는 가만히 있지 못하고 이 방 저 방으로 왔다 갔다 하다가 다시 리처드의 서재에 자리를 잡았다. 오랫동안 리처드의 책을 빤히 쳐다보다가 몇 권을 꺼냈는데 체계적으로 정리할 수가 없었다. 안나 프로이트의 《자아와 방어기제》가 불쑥 눈에 들어왔다. 이 책이 원래 여기에 있었나? 리처드의 책장에 왜 이런 책이 있었을까? 리처드는 완강한 정신약리학자이자 생물 정신의학자였는데. 책 표지를 넘겨보니 장서표에 '의학박사 리처드 J. 와이엇의 장서에서' 라고 적혀 있었다. 정말 리처드가 안나 프로이트의 책을 소장하고 있었던 것이다. 이상했다. 하지만 책에 기록을 하거나 밑줄 친 구절이 하나도 없는 것을 보니 이상하게 안심이 되었다. 반면 《분자생물학의 기본 방법》과 《중뇌피질변연 도파민계》에는 메모가 많이 되어 있었고 리처드의 글씨로 여백이 빽빽했다. 내가 알고 있던 리처드의 모습이 다시 나타난 것 같아 기분이 한결 나아졌다. 하지만 리처드가 직접 쓰거나 공동 집필한 책이 꽂혀 있는 부분에 가서는 책장 둘러보기를 그만두었다. 리처드가 죽고 없는 상황에서는 일도 책도 생각도 예전처럼 그렇게 재미있지 않을 것이라는 사실이 분명해지기 시작했다. 이제 복도 건너편으로 가서 리처드에게 과학이나 의학에 대해 물어볼 수도 없고 그를 침대로 유혹할 수도 없었다. 리처드는 죽었다.

물론 집안 어디에도 리처드의 흔적이 없는 곳이 없었다. 곳곳에 리처드의 서류 캐비닛이 있었다. 안에 든 내용물은 나에게 즐거움을 주기도 했고 가슴을 갈가리 찢어놓기도 했다. 서랍 다섯 개 전체에 내가 수년간 리처드에게 보낸 편지며 카드며 온갖 잡동사니가 꽉 차 있었다. 리처드가 이런 것들을 간직하고 있었다니 감동이 밀려왔다. 그리고 내가 얼마나 사랑했는지 명백한 증거를 리처드가 가지고 있었다니 좀 안심도 되었다. 내가 얼마나 사랑하는지 리처드가 알고 있다는 사실에 대해 한 번도 의문을 가져본 적이 없긴 했지만, 갑자기 밀려드는 불안을 달래줄 리처드는 거기에 없었다. 리처드가 나에게 그토록 소중한 사람이었지만 지금은 이미 늦었다.

다른 서랍에서 내 병과 관련된 기록이 보관된 것을 발견했다. 내 기분과 약물을 도표화한 것, 여백에 기록과 의문사항을 적어둔 리튬 연구 논문, 조증 관련 책에서 복사한 문서가 들어 있었다.

아주 자세하고 믿음직스러운 자료였다. 이제 이런 일을 누가 해줄 것인가? 어느 누가 리처드만큼 그렇게 신경을 써줄 것이며 그보다 더 해박할 수 있단 말인가? '자살/조울병' 라는 색인이 붙은 폴더에 내가 리처드에게 썼던 편지가 끼워져 있었다. 리처드는 편지 중의 한 단락에 빨간색 잉크로 괄호 표시를 해 두었다. "그 목요일은 내가 자살로 죽을 뻔했던 기념일이야. 내 인생에서 이 날이 왜 그렇게 중요한지 이해할 수 없지만 내 기도, 실패, 생존이 항상 그 날과 묶여 있어. 나는 와인 한 잔을 들고 내 자신에게 '삶을 위하여' 건배를 해. 불쾌한 기억의 계절이라고 말을 하는 와중에도 내내 누군가 나를 꽉 붙잡아 주었으면 하고 바라. 하지만 당신을 알게 된 후 그날이 예전처럼 그렇게 나쁘고 외롭지 않아."

앉아서 그 편지를 다시 읽었다.

둘이 함께하는 동안 리처드는 이 암울한 기념일을 한 번도 잊은 적이 없었다. 매년 우리는 와인 한 잔으로 삶을 위한 축배를 들며 이날을 기념했다. 나중에 리처드의 수첩에서 이 날에 '케이' 라고 표시된 것을 발견했다. 이제 너무나 많은 것들이 사라질 것이다.

다른 서랍에서는 리처드가 여러 해 동안 나한테 보냈던 편지의 사본을 발견했다. 처음 두세 개를 읽은 뒤로는 너무 고통스러워서 편지를 계속 읽을 수가 없었다. 그래서 편지를 그만 읽고 감정이 좀 가라앉으면 몇 분 내에 다시 열어 볼 생각으로 편지를 박스에 넣었다. 그러고는 5년 동안 그 박스를 열어보지 않았다. 첫 번째로 읽었던 편지는 리처드가 나를 사랑하는 이유에 대해서 쓴 편지였다. 이런 내용이었다. "당신의 미소와 웃음은 방을 환하게 밝혀줘. 하지만 사색적인 모습이 내 눈을 끌어. 거기에는 오만하지 않은 자신감과 결점 없는 취약성이 있어. 자기를 보호하면서도 친절하기도 해. 유머가 있는 통찰, 감상이 있는 지각, 판단력이 있는 지성. 판단이 지배하지만 직감에 이끌리지." 리처드가 나를 이렇게 보았단 말인가? 그랬을 것이다. 주소가 내 앞으로 되어 있고 리처드의 서명이 남아 있으니 말이다. 이 편지를 잊고 있었는데 지금 다시 보게 되어 행복하다. 어떤 남자가 다시 나를 이렇게 사랑해줄까? 리처드 없이 나는 무얼 할까? 아, 내 남편을 돌려주세요!

그날 밤 꿈에 리처드가 나왔다. 저녁 식사를 하려고 만났는데 방 건너편에 리처드가 있는 것을 보고는 안도하고 기쁜 마음으로 탁자에서 일어나 리처드에게 갔다. 하지만 무엇 때문인지 나는 주춤하며 이렇게 물어보았다. "당신 죽은 거야?"

리처드가 아주 부드럽게 대답했다. "응."

나는 상실감에 빠져 홀로 흐느끼며 깨어났다.

리처드는 침대커버 아래서 하는 부활절 계란 사냥 놀이의 창시자이자 수많은 기발한 사랑의 극을 창작한 작가였다. 그때 그런 그가 슬픔을 잘 이겨낼 수 있도록 도와주리라는 것을 알아야 했었다. 리처드는 정말 도움이 되었다. 리처드의 물건을 정리하던 이튿날 그의 컴퓨터 밑에서 손으로 쓴 편지가 비스듬히 놓여 있는 것이 보였다. 그 편지에는 우리가 서로를 발견하고 나에게서 사랑하는 법을 배울 수 있어서 정말 행운이라고 적혀 있었다. 그리고 아마 내가 불안정하고 일시적인 절망으로부터 안도감을 발견했을 것이라며 내가 자기를 사랑하는 것보다 항상 자기가 나를 더 사랑한다고 했다. 내가 그를 사랑하지 않는 것이 아니라 나와 달리 그에게는 사랑이 새롭기 때문이라고 했다. 리처드의 편지는 이렇게 끝났다. "지난 몇 년 동안 당신이 나를 위해 해준 모든 것에서 당신의 사랑을 봤어. 당신이 생각하는 것보다 더 많이 당신을 사랑해."

서재에 앉아서 리처드의 노트를 손에 든 채 리처드를 위해 다른 사람이 하지 않을 특별한 것을 해준 것이 있는지 생각해보려 했다. 리처드와 함께할 때 완전한 기쁨을 있는 그대로 드러내고 풍부한 열정과 웃음을 준 것 말고는 아무 것도 생각나는 것이 없었다. 사랑은 변함없이 있었다. 마치 별이 정해진 행로를 따라 움직이는 것처럼 그렇게 사랑은 자연스럽게 찾아와서 머물렀다.

리처드 약이 들어 있던 큰 상자 아래에서 봉투 두 개를 우연히 발견했다. 그 안에는 현금과 설명이 적힌 메모가 들어 있었다. 첫 번째 봉투에 든 돈은 카드로 계산한 나의 생일 선물비용이었다. 주문한 선물은 전에 캘리포니아에서 나를 위해 디자인했던 팔찌에 어울리는 남옥 귀걸이였다. 그 선물은 리처드가 죽고 며칠 뒤에야 집에 도착했다. 생일이라는 사실이 염치없게 느껴지던 때에 말이다.

다른 봉투에는 열네 살 된 우리 호박이가 죽으면 새로 바셋 하운드를 사라고 마련해둔 현금이 들어 있었다. 리처드는 한동안 호박이가 늙었으니 다른 개를 한 마리 더 사자고 했었다. 호박이가 죽으면 내가 너무 힘들어 할까봐 걱정이 됐기 때문이다. 하지만 나는 다른 개를 사지 않겠다고 했다. 왜냐하면 호박이가 유일한 개이며 집에 다른 동물을 들이고 적응하는 것이 힘들 것 같았기 때문이다.

물론 리처드가 죽은 뒤 몇 주간 호박이도 위로가 필요했다. 호박이는 며칠 동안 집안을 맥없이 돌아다니다가 리처드의 빈 독서의자 옆에서 잠이 들었다. 그곳에서 리처드는 책을 읽거나 노트북 자판을 두드렸다. 또한, 햇살이 방안을 가득 비추는 오후에 리처드에게 책을 읽어 주었는데 그때 생각이 나서 의자를 제대로 쳐다볼 수가 없었다. 며칠 뒤 마침내 리처드 의자에 앉을 생각을 해봤다. 내가 그 의자에 앉은 것이 호박이가 리처드의 부재에 적응하는 데 도움이 되었다. 리처드였다면 어떻게 해야 할지 몇 분 만에 그 답을 찾았을 것이다. 나처럼 그렇게 며칠이 걸리지는 않았을 것이다.

호박이는 리처드를 너무나 좋아했다. 리처드가 친구들에게 자주 이야기했듯이 호박이도 어쩔 수 없는 여자였다. 여자들은 리처드에게 끌렸다. 리처드는 그 예로 호박이에게 이름을 붙여준 사연에 대해 즐겨 이야기했다. 호박이가 생후 10주째 처음 우리 집에 왔을 때 리처드와 있었던 일이었다. 리처드는 우선 개를 원하지 않았고 처음에는 호박이가 우리 침대에서 같이 자는 것은 절대 안 된다고 강력하게 주장했다. 자신의 서재에 있는 소파에 뛰어오르는 것만으로 충분하다며 우리 침대에서 같이 자다가 '원초적 장면' 에 충격을 받아서 정신과 의사의 소파에 올라가야 하는 일이라도 생긴다면 치료비로 단돈 한 푼도 쓰지 않겠다고 했다. 리처드가 하버드 전공의 시절의 잔재인 정신분석적 생각을 표현하는 말을 들을 때면 당황스러웠다. 그것은 무엇보다도 자기 마음을 바꾸지 않겠다는 뜻이었다.

하지만 리처드는 시간이 지나면서 호박이를 좋아하게 됐다. 어린 호박이의 아직 발그레한 발이 지나치게 긴 귀에 걸려 넘어지는 것을 본 리처드가 '사악이'라는 별명을 붙여 주었다. 리처드는 죽을 때까지 그 별명을 불렀다. 호박이는 병적일 정도로 수줍음이 많고 가장 온순한 바셋 하운드로 공격 비슷한 것도 하지 못했다. 리처드는 호박이를 계속 '사악이'라고 불렀다. 하루는 리처드가 호박이와 '사악이'라는 이름을 놓고 객관적이고 과학적인 테스트를 해보자고 제안했다. 리처드가 거실 한쪽 끝에 앉고 내가 반대쪽에 앉고 호박이를 우리 중간에 앉혔다.

"당신이 불러봐." 리처드가 말했다.

"호박아, 이리 와." 내가 불렀다.

호박이는 앉아서 머리를 쫑긋 세우고 내 목소리를 들었다. 보통 바셋 하운드는 좀처럼 지시에 따라 움직이지 않는 종이었다. 호박이는 앉아서 꼬리만 흔들며 기다렸다.

리처드가 미소를 지었다.

"사악아, 이리 와." 리처드가 호박이를 구슬렸다. "리처드한테 와봐."

호박이가 리처드에게 바로 걸어갔다.

"거봐, 과학이 증명해주잖아." 리처드가 말했다. "이상입니다."

우린 결혼식 날 밤, 리처드를 위해 첫 번째 결혼선물을 준비하는 동안 리처드에게 거실에 앉아 있으라고 했다. 첫 번째 선물은 호박이를 이용한 것이었다. 리처드가 호박이는 공원에서 보이는 다른 개처럼 재주를 부릴 줄 모른다고 불평을 해서 그 불평을 잠재우기 위해 준비한 선물이었다. 정말 호박이는 전혀 재주를 부릴 줄 몰랐다. 재주 부리는 법을 가르칠 필요를 전혀 느끼지 못했던 내 탓이 컸다.

호박이를 길들이면, 호박이가 학습 능력이 없다거나 내가 가르칠 능력이 없다는 리처드의 잔소리를 좀 줄일 수 있을 거라 생각했다. 그래서 결혼식을 앞두고 며칠간 호박이와 나는 철저하게 연습을 했다. 리처드와 내가 셰넌도어 계곡에서 돌아온 뒤 드디어 호박이의 목에 하얀 공단 나비리본을 매서 거실로 데리고 나왔다. 그리고 코 앞에 개 비스킷을 흔들며 말했다.

"말해." 그러자 호박이가 바로 짖었다. 호박이와 나는 동의를 기대하며 리처드를 쳐다보았다. 그러자 잠시 침묵이 흐른 뒤 리처드의 얼굴에 미소가 나타났다.

리처드가 말했다. "멋진데. 이 녀석 제일 큰 장점이 안 짖는 거였는데 이제 당신이 짖는 걸 가르쳤군."

리처드의 말을 강조하듯 호박이는 연달아 정신없이 짖어댔다. 내가 깜박하고 비스킷을 주지 않은 것이다. 호박이는 집요하게 짖어댔다.

"사악이, 잘했어." 리처드가 웃으며 말했다. "이제 가야지." 호박이와 우리는 각자의 침대로 갔다.

독서의자에 앉아 리처드 의자에서 자고 있는 호박이를 바라보고 있으니 리처드가 없다고 해서 내가 계속 살고 싶지 않은 것은 아니라는 생각이 들었다. 계속 살고 싶었다. 다만, 계속 살고 싶은 이유를 알지 못했을 뿐이다. 그냥 믿음 때문에 살아갈 따름이었다.

리처드 장례식 후 몇 주 동안 사람들에게서 받은 조문 편지 수백 통을 읽어보려고 했지만 한 번에 한두 통 이상은 읽기가 힘들었다. 리처드 친구들과 동료들은 리처드에 대해서 좋은 말을 남겼다. 그들의 관찰은 예리하고 관대했으며 순간순간 리처드를 되살려 놓았다. 그런 편지는 도움이 되기도 했지만 그만큼 마음을 아프게도 했다. 사람들이 리처드의 성격을 평가할 때 '개인적인', '겸손한', '예의 바른', '매력적인' 이런 표현을 가장 자주 사용했다. 나 역시 리처드를 생각할 때 그런 표현을 가장 많이 떠올렸으며 또 그런 면을 가장 그리워했다. 그리고 많은 사람들이 리처드의 위트와 직장 후배들에 대한 관대함에 대해 이야기했다. 몇몇 유럽 과학자들은 '교양 있는' 이라는 단어를 연상했는데 리처드가 들었으면 엄청 좋아할 말이었다. 한 동료는 정신분열병에 대한 해답이 발견되면 리처드가 남긴 업적이 완성될 것이라고 평가했다. 리처드가 이 편지를 읽을 수 있었으면 얼마나 좋아 했을까? 본인이 가진 자질이 얼마나 강력하고 한결같은지, 본인의 정신과 태도 그리고 죽음에 대처하는 태도가 얼마나 많은 존경을 불러왔는지 리처드가 알 수 있었으면 얼마나 좋을까? 친구이자 동료인 한 사람은 이렇게 썼다. "수많은 사람들이 자기에게 닥친 불행을 핑계로 역량의 한계를 정당화할 때 리처드는 우주를 넘나들며 호기심을 추구하며 관찰을 했지요."

친절하게도 내가 리처드에게 커다란 행복을 가져다준 사람이라고 많은 이들이 말해주었다. 그 말이 나에게 정말 위안이 되었다.

영국의 철학자 조나단 글로버는 이런 편지를 보내왔다. "당신과 리처드는 아주 다른 화학물이 혼합된 화합물 같아요. 제가 화학을 잘 알았더라면 그 화합물의 이름을 알 텐데요." 나는 그 이미지가 무척 마음에 들어서 조나단 글로버의 생각에 맞는 화학 물질에 대해 생각해봤다. 머리가 빨리 돌아가지 않고 혼란스러웠지만, 리튬과 루비듐이 생각났다. 이 두 가지 원소에 대해 글을 쓴 적이 있었는데 리튬과 루비듐은 특성상 여러 가지 면에서 반대였다. 하지만 그 두 원소는 함께 있을 때 더 상승효과를 내지는 않는다. 우리에게 꼭 맞는 화합물은 아니었다. 리처드라면 딱 맞아떨어지는 화합물을 금방 생각해냈을 텐데. 하지만 리처드는 죽었다.

리처드는 죽었다. 리처드는 화학 애호가이자 별 애호가로서 시인 로버트 크로포드(1868~1930, 오스트레일리아 시인)가 쓴 시구를 좋아했다. 로버트 크로포드는 이런 시를 썼다. "우리 몸을 이루는 모든 화학물은 원래 저 멀리 천연의 별에서 이주해온 것이다." 지금 리처드는 저 먼 별에 이주해 있다. 그것은 천연의 위로이긴 하지만 어쨌든 위로는 위로다.

조문 편지는 대부분 리처드의 죽음에 어떻게 대처해야 하는지 조언을 주기보다는 리처드에 대해 묘사하는 내용이었다. 아무래도 상관없었다. 진부한 말 외에 어떤 조언을 할 수 있으며 그것이 무슨 의미가 있겠는가? 죽음을 이길 수 있는 것은 아무 것도 없으니까. 리처드의 존스 홉킨스대학 교수 중 기혼자인 두 분이 이런 편지를 보냈다. "우리는 사랑이 모든 것을 변화시킨다는 것을 압니다. 그래서 사랑을 보냅니다." 그들의 말은 사실이었으며 시간이 지날수록 더욱 뚜렷해졌다.

하지만 가장 가슴에 와 닿았던 말은 시인인 나의 친구가 해준 말이었다. 그 친구는 조언이 아무 도움이 되지 않을 것이라고 했다. "너처럼 그런 큰 일을 겪었을 때 나는 늘 미친 듯이 일을 하고 인사불성이 될 때까지 술을 마시고 폐인처럼 지냈어. 만약 외출을 하는 게 가장 좋은 방법인 것 같다고 말하더라도 그 말을 입증할 만한 논리가 없어. 아무 도움 안 되는 그 조언에 대해서 사람마다 다 다르다는 말로 넘어가겠지. 네가 걱정된다. 괜찮았으면 좋겠다." 나는 괜찮지 않았지만 그 친구가 나를 생각하고 있으며 말과 충고의 한계를 이해한다니 위안이 좀 되었다.

리처드 산소에 자주 갔다. 리처드를 묻은 다음 날, 마당에서 참나리를 꺾어다 무덤을 덮고 있는 황토 흙 위에 놓아두었다. 흰색 살구색 인동덩굴, 수국, 페튜니아도 가지고 갔다. 그랬더니 황량했던 흙무더기가 그나마 좀 나아 보였다. 근처의 연못에는 수련이 높이 자라 노랗게 피어 있었다. 유심히 보았지만, 연못에는 금붕어가 없었다. '내가 거기다 또 무얼 할지 생각하며 리처드가 웃겠지.' 라는 생각이 들었다. 그 후 몇 주 사이에, 무덤 위의 흙도 자리를 잡아갔고 나도 묘지에 가는 일이 익숙해졌다. 내가 가지고 간 인동덩굴, 노랑데이지, 무궁화 한 아름씩은 삶과 사랑의 흔적을 남겼다. 꽃은 시들었다. 그리고 리처드는 죽었다. 우리는 다 죽는다. 그것이 자연의 섭리다.

초반에는 리처드에게 소리내어 말했다. 어느 아침에는 이렇게 말했다. "자기야, 어젯밤에 비가 억수같이 쏟아졌는데, 당신이 얼마나 보고 싶었는지 몰라. 오늘 아침 비가 그쳤을 때에도 보고 싶었고 또 비가 올까 생각하면서도 보고 싶었어." 그 뒤로는 말을 이을 수가 없었다. 리처드가 저 깊은 땅속에서 비가 오는지도 내가 자기를 얼마나 그리워하는지도 모른 채 혼자 있다고 생각하니 견딜 수가 없었다.

그래도 그곳은 평온했다. 곧 산소지기가 무덤 위에 잔디를 심으면 내가 나무나 꽃을 심을 수 있겠다고 생각했다. 나는 산소에 있는 것이 좋았다. 리처드와 함께 있는 것이 좋았다. 무언가 좋으면서도 깊은 느낌이 이곳으로 와서 리처드와 계속 함께 있게 하고 여태까지 우리가 누구였으며 앞으로 무엇이 될지를 이해할 수밖에 없게 만들었다. 전에는 살아서 오감으로 함께 했다면 이제는 상황이 달랐다. 우리가 다른 방식으로 함께 하기 위해서는 리처드처럼 나도 새로운 방식으로 상상하고 느껴야 했다. 그리고 리처드를 다르게 이해해야 했다. 우리는 함께 늙어가지 못할 것이다. 내가 알고 느끼는 모든 사실과 감정 속에 그 사실이 잠재되어 있었다. 함께 늙어갈 수 없다는 것, 이것이 리처드의 죽음으로 인해 깨달은 가장 끔찍한 현실이었다. 그럼에도 불구하고 무언가는 살아남을 것이다. 내가 그렇게 만들 것이다.

어느 날 오후 리처드의 산소에 가보니 꺼진 부분이 새 흙으로 채워져 무덤이 주변 땅만큼 높아져 있었다. 모든 것이 마지막인 것 같았다. 이제 리처드는 지금 막 세상을 떠난 사람이 아니며 무덤도 최근에 만들어진 것 같지가 않았다. 그냥 공동묘지에 묻혀 있는 수많은 망자 중에 한 명이었으며 새로 온 사람이 아니라 오래전부터 거기에 있었던 사람 같았다. 리처드의 죽음은 나에게는 새로운 것이었지만 자연이나 공동묘지의 땅에는 전혀 그렇지 않은 듯했다.

곧 묘비가 세워졌다. 묘비에 기대서 화강암에 새겨진 리처드의 이름을 확인하니 느낌이 좋았다. 늦여름이라 나뭇잎이 떨어지기 시작했다. 그러면 금방 무덤 위에 수북하게 쌓일 것이었다. 묘석 쪽을 바라보았다. 그러면 리처드 머리가 그쪽에 있을 거라고 생각했지만 실제로 그런지 알지 못한다는 사실을 깨닫고 한숨을 내뱉었다. 내가 리처드의 어느 부분 위에 서 있는지 모른다는 사실에 불안해졌다. 그게 무슨 상관이었을까? 그냥 중요했다. 무척 중요했다. 그런 우울한 생각에서 정신을 다른 데로 돌려야 했다. 차에서 《동부 나무 필드 가이드》를 가지고 산소로 돌아왔다. 자연에 대해 평소보다 좀 더 체계적인 모습을 보여준다면 리처드가 좋아할 것이다. 심란한 생각을 제쳐놓고 떡갈나무와 플라타너스에 대해 생각했다.

리처드 장례식 일주일 뒤 내 생일날 엄마와 함께 공동묘지에 갔다. 엄마는 백합과 하얀 장미를 가져와 리처드의 무덤에 놓았고 나는 분홍색 백일초, 인동덩굴, 자주색 페튜니아를 갖고 갔다. 엄마와 나는 둘 다 말없이 비통한 심정으로 서 있었다. 엄마는 리처드와 무척 가깝게 지냈던 터라 너무나 슬퍼 보였다. 전에는 엄마가 나를 참 자주 달래주었는데 이번에는 내가 엄마를 달래주고 싶었다. 하지만 무슨 말을 해야 할지 아무 생각이 나지 않았다. 무슨 말을 해도 위로가 되지 않을 것이다. 우리는 한참을 말없이 서 있었다.

"너한테 그렇게 잘했는데……." 마침내 엄마가 입을 열었다.

'그랬지.' 나는 생각했다. 엄마는 내가 리처드 없이 어떻게 살아갈지, 아니 살아갈 수나 있을지 걱정이 됐을 것이다. 엄마와 리처드는 나에 대해서 같이 걱정했었다. 그리고 둘 다 신중한 성격이라 나의 활달한 인생관을 아주 재미있어 했다. 하지만 이제 모든 것이 달라졌다. 엄마는 오랜 책임감을 다시 느꼈다. 엄마를 안고 나는 괜찮을 거라고 말했다. 그렇게 믿었다. 적어도 엄마가 그렇게 믿도록 할 만큼은….

"리처드 생각이 많이 날 거다." 엄마가 조용히 말했다.

그날 밤 리처드가 선물해준 새 남옥 귀걸이를 하고 내키지 않았지만, 친구들과 가족과 생일파티를 했다. 그후 엄마가 몇 년 전에 찍은 리처드가 나오는 비디오를 보자고 제안했다. 조울병을 앓는 사람과의 결혼생활이 어떤지에 대해 이야기해달라는 요청을 받고 응한 것이었다. 비디오를 찍은 얼마 뒤 셋이서 같이 본 이후로는 한쪽에 치워두었었다. 나는 비디오를 보는 것이 좋을지 어떨지 몰랐지만, 엄마는 무척 보고 싶어 하셨다. 내 기억에 비디오에서 리처드는 우리 엄마가 정말 좋은 사람이라고 여러 번 말했던 것 같다. 엄마는 내가 아는 사람 중에 허영과 가장 거리가 먼 사람이었는데, 그 말을 리처드에게서 직접 듣고 싶어 하셨다. 나도 리처드가 건강했을 때의 모습을 보고 싶긴 했지만 조심스러웠다. 그래도 언젠가는 해야 할 일이었다.

비디오를 보는 동안 마음은 아팠지만 보기를 잘했다. 더 이상 내게 없는 것을 보는 마음이 편하지는 않았지만, 전에 내게 저런 시간이 있었구나 하는 생각에 위안이 되었다. 비디오에서 리처드는 사랑과 즐거움이 가득한 태도로 나에 대해 이야기했다. 리처드는 인내심을 가지고 나의 지독한 기분을 묘사했으며 온정과 애정을 가지고 나의 도취감과 터무니없는 열광을 묘사했다. 리처드는 처음 함께 크리스마스를 보낼 때 작은 크리스마스 트리에 정말 조명이 12가닥이나 필요한 지를 두고 실랑이를 벌였던 일에 대해 자세히 이야기했다. 리처드는 내가 헤프다고 생각했고 나는 리처드가 크리스마스 조명이나 즐거움은 아무리 많아도 지나침이 없다는 사실을 이해하지 못한다고 생각했다.

리처드는 내가 흥분하거나 짜증을 낼 때 그것 때문에 우리 관계가 힘들어진다고 말하면서도 한편으로는 우리의 관계가 그만한 가치가 있다는 사실도 분명히 했다. 그리고 어떻게 함께 나의 병에 대처하고 관리했는지에 대해 총체적으로 이야기하면서 나의 강점을 지지하고 약점에 엄격하지 않는 것이 중요하다고 했다. 또 나의 열정적인 마음을 얼마나 사랑하는지 이야기하면서 전날 밤에 내가 코끼리와 코끼리의 놀라운 습성에 대해 글을 읽어준 것에 대해 이야기했다. 가끔식은 혼란스러운 병과 더불어 사는 것이 얼마나 힘든 일인지 부인하지 않았지만, 병보다는 사랑에 더 무게를 두었다. 리처드는 항상 그랬다. 비디오 속의 리처드는 멋있고 똑똑하고 살아있는 사람이었다. 그런 모습을 보니 리처드가 보고 싶어서 가슴이 미어졌다. 그 비디오는 가슴을 찢어놓기도 했지만 동시에 용기도 주었다. 마음속으로 '내가 저 남자한테 사랑을 받았지.' 라는 생각이 들었다. 그는 나를 존중했으며 나를 간절히 원했다. 나는 복이 많은 사람이었다. 하지만 지금은? 내가 이렇게 마음이 아프게 될 줄은 몰랐다.

그 후 몇 주, 아니 몇 달 동안 기억이 불쑥불쑥 떠올라 흔적을 남졌다. 기억의 파편들 속에는 리처드의 존재가 있었다. 리처드가 없어도 리처드는 존재했다. 무의식적으로 밤에 계속 리처드를 향해 돌아누울 때나 함께 한 시간에 관한 기억을 떠올리거나 리처드를 생각나게 하는 장소를 찾아갔을 때 리처드는 거기에 존재했다. 어느 날 아침에는 생각을 다른 데로 좀 돌리려고 걸어서 국립 동물원에 갔다가 얼룩말 우리 앞에 가게 됐다. 나를 쳐다보고 있는 얼룩말을 봤을 때 무엇이 리처드를 생각나게 했을까? 또다시 기억 속으로 빠져들었다. 그러고 보니 우리의 첫 데이트 장소는 바로 동물원이었다. 우리는 함께 얼룩말을 연구했다. 얼룩말의 줄무늬가 제각각 다 다르고 또 한 얼룩말에서도 왼쪽과 오른쪽의 줄무늬가 다른 것을 아냐고 리처드가 물었다. 나는 얼룩말의 왼쪽과 오른쪽 줄무늬가 비대칭이라는 것을 몰랐다.

"어디 그게 사실인지 한번 볼까요?" 리처드가 말했다.

나는 얼룩말에 대해서 생각지도 못한 엄청나게 많은 것을 그에게서 배우게 되었다. 얼룩말은 짖기도 하고 울기도 한다고 리처드가 신나서 알려주었다. 얼룩말은 키가 큰 풀을 좋아하고 바람처럼 달린다. 또 정말 놀라운 줄무늬를 가지고 있었다. 우리는 얼룩말의 줄무늬 문제로 돌아가서 반 시간 정도 리처드가 주머니에 가지고 다니는 노트를 펼쳐놓고 우리 앞에 있는 줄무늬의 끝으로 갈수록 가늘어지는 모양, 너비, 곡선을 해석했다. 그 얼룩말 이야기에서부터 리처드에게 빠져들기 시작했다.

그로부터 20년이 지난 지금에 얼룩말 앞에 서서 웃다가 울며 리처드의 마력과 경이감을 생각해내려 했다. 원하는 대로 전부를 기억할 순 없었지만 어쨌든 얼룩말 우리까지 가게 된 것은 우연이 아니었다. 동물이 들판에서 생명의 소금을 찾는 것처럼 내 마음도 본능적으로 그것을 찾아냈다. 나의 마음이 잘 유지되고 살아가기 위해서 무엇이 필요한지 스스로 알아야 하는 것이었다. 리처드의 마음 속에 있던 괴짜 같은 면과 호기심이 내 마음에 불쑥 찾아왔으며 그와 함께 삶도 찾아왔다.

리처드가 골수이식을 받기 위해 병원에 있을 때 생텍쥐페리가 사하라 사막에 불시착하게 된 이야기를 쓴 《바람과 모래와 별들》을 읽어주었다. 그 책에 이런 말이 있다. "우리의 고향은 사실 행성이다. 나는 딱딱하고 까만 돌을 걷어찼다. 그 돌은 300미터가 넘는 깊이의 조개 층 위에 놀랍게 존재하는 용암석 일종으로 사람 주먹만 한 크기의 돌이었다. 사과나무 아래에 천을 깔면 사과만 받을 수 있지만 별 아래에 천을 깔면 우주진을 받을 수 있다. 하늘에서 떨어진 돌이 어디서 왔는지 이보다 더 명백하게 알려진 적은 없었다."

이처럼 리처드의 마음도 내 마음으로 흘러들어와 명백한 흔적을 남겼다. 리처드에게서 온 것이 너무나 확실한 흔적이었다. 나는 리처드의 상상력이 나의 상상력으로 흘러들어오는 이 시간을 환영하게 되었다. 그 시간이 나에게 리처드를 살아 있게 하고 내게 없어서는 안 될 존재로 있게 해주었다. 나는 그 상상의 시간 속에서 아주 오랫동안 리처드에게 매여 있었다. 아직은 리처드를 떠나고 싶지 않았다. 왜 떠나겠는가?

리처드가 죽고 한 달 뒤 존스 홉킨스 병원에 갔다. 예전의 존스 홉킨스는 나에게 마법 같은 힘을 발휘했는데 이제는 그 힘을 잃은 것 같았다. 존스 홉킨스의 특징이라 할 수 있는 의료진의 역량과 민첩성, 의학과 생명에 고결하게 접근하는 오슬러식 의학 전통을 그때는 정말 사랑했었다. 하지만 리처드가 병에 걸려 존스 홉킨스의 의사를 보러 갈 때마다 우리를 옭아맸던 공포 때문에 존스 홉킨스에 대한 애정은 점점 퇴색해져 갔다. 리처드와 나는 존스 홉킨스를 정말 좋아했지만, 리처드의 치료가 실패하면서 애정이 식은 것이다. 때가 되면 예전처럼 다시 애정이 돌아오겠지만, 예전보다는 더 복잡한 감정이 될 것이다. 리처드는 훌륭한 치료를 받으며 병마에 맞섰지만 결국 병을 이기지 못했다. 그러나 나중에 내가 일하는 분야에서 그런 상황을 더 많이 보게 되면서 존스 홉킨스를 더 잘 이해하게 되었고 더 감사히 여기게 되었다.

존스 홉킨스에 돌아온 첫날은 힘들었다. 그러나 익숙한 세계와 확실하게 나를 염려해주는 사람들이 있는 곳으로 돌아오니 힘이 났다. 하지만 강연을 마친 후에 계속 머물 수가 없었다. 삶은 계속됐고 가르침도 계속 됐고 과학과 훌륭한 의사들도 하던 일을 계속 했다. 하지만 나는 계속 할 수가 없었다. 그 첫날 나는 혼란에 빠져버렸다. 시간을 거슬러 갈 수도 앞으로 나갈 수도 없었다. 그러려면 아주 강한 에너지가 필요했지만 내게는 그럴 기운이 남아있지 않았다. 암 센터를 지나갈 때에는 섬뜩한 기운이 느껴졌다. 묘지와 같은 그곳을 빨리 지나치고 싶고 거기서 일어났던 일을 전부 잊고 싶었다.

무엇을 하든지 불안했다. 그것은 조증으로 인해 일어나는 흥분이 아니라 슬픔으로 인해 일어나는 불안한 동요였다. 마음의 동요를 가라앉히기 위해 걷고 또 걸었다. 걷는 것이 효과가 있긴 했지만 크지는 않았다. 만찬회 도중에 자리를 떠나기 일쑤였고 영화나 콘서트를 끝까지 보는 경우가 거의 없었다. 책도 진득하게 읽지 못했다. 온갖 책을 치웠다가 다시 꺼내기를 매번 반복했다. 책을 한두 장 읽다가 치웠다. 《워터십 다운》를 다시 읽기 시작하면서 리처드와 내가 함께 소리 내어 읽던 장면으로 다시 들어가는 것을 상상했다. 하지만 상점에서 토끼가 기다리고 있는 것이 무엇인지를 알기에 불안해졌다. 소설에서도 현실에서도 내가 바라는 도피처는 주지 않았다.

내가 느끼는 진정한 슬픔과 다른 사람들이 보내는 의문과 걱정 사이에서 나는 우울함을 감추고 괜찮지 않은데 괜찮은 척하면서 그럭저럭 지냈다. 리처드가 죽은 뒤 내 자신을 다시 가다듬기까지 내가 생각했던 것은 물론 보통 사람들이 생각하는 것보다 훨씬 오랜 시간이 걸렸다. 리처드가 죽은 뒤에 별로 민감하지 않은 한 동료가 나에게 정신의학 저널에 실을 논문을 검토해달라고 요청했다. "남편이 죽은 지 얼마 안 됐잖아요." 나도 모르게 날카롭게 대답했다.

"석 달이나 됐잖아요." 그 동료가 말했다.

그러고 보니 그의 말대로 석 달이 지나갔다.

이렇듯 시간은 사람마다 다른 의미를 가진다. 성급한 '블랙베리족' 에게는 석 달이 긴 시간이다. 하지만 나는 전혀 다른 경험을 하고 있었고 더 느리며 혼란스러운 세계에 살고 있었다. 내면의 슬픔에서 벗어나 냉철하게 과학 논문 검토를 할 엄두조차 낼 수 없었다. 그저 리처드와 함께 할 시간을 원했다. 그러니 지금부터는 리처드가 없이 남은 생을 다시 시작해야만 했다. 나는 리처드와 함께한 시간과 리처드가 없는 시간 사이의 과도기에 있었다. 리처드와의 시간을 어쩔 수 없이 떠나야 할 때가 오기 전에는 가능한 한 리처드와 함께 머물고 싶었다.

사실 나는 동료나 친구들에게는 그런대로 괜찮아 보였고 우울해 보이지도 않았다. 게다가 아는 사람들에게 부담을 줄까봐 두려워 그 사람들에게 실제로 내가 얼마나 괴로운지를 알리는 것도 또한 힘들었다. 왜 혼자서 고통을 떠안고 있었는지 모르겠다. 그러지 않았으면 좋았겠지만 다른 사람들에게 내가 리처드를 얼마나 그리워하는지 보이고 싶지 않았다. 실제로 그런 압박이 있었는지 아니면 내가 그렇게 느꼈는지 모르겠지만 다른 사람의 걱정을 덜어줘야 한다는 압박을 느꼈다. 약간의 슬픔은 괜찮았지만 웃음이나 위안으로 또는 주제를 바꿈으로써 깊은 슬픔을 묻어두는 편이 나았다. 몇몇 친구에게는 힘들다고 털어놓았다. 이것은 참 어려운 일을 인정한 셈이다. 다른 사람에게 도움을 요청하는 것이 항상 어려웠으니 말이다. 살아오면서 내 기억에 감정을 숨김없이 드러낸 적은 그때가 처음이었다. 언제나 나는 사람들에게 다가가긴 했지만 항상 진정한 마음으로 다가서지는 않았다.

다행히도 사람들은 각자의 삶을 계속 살아갔다. 이해할 수 있었다. 그들이 그렇게 하는 것을 내가 수월하게 만들어준 것 같다. 그렇게 해서 기쁘기도 하고 후회되기도 한다. 당신들한테 보이는 것보다 나는 훨씬 더 힘들다고 말하고 싶었다. 하지만, 그러지 않고 웃으며 그들과 어울렸다. 그러면서 나의 일부도 그들과 함께 앞으로 나아갔다.

하루는 국립보건원에서 보낸 리처드의 소지품 두 상자가 집에 도착했다. 바닥에 앉아서 내용물을 살펴보는 동안 마음이 아팠다. 안에 무엇이 들어 있을지 몰랐다. 크리스마스 선물을 푸는 것과 얼핏 비슷했지만, 기분은 전혀 달랐다. 첫 번째 상자에는 리처드가 책상에 붙여두었던 사진 두 장이 들어 있었다. 한 장은 오빠가 우리 결혼식 날에 찍어주었던 우리 둘의 사진이었고 다른 한 장은 웃고 있는 내 사진이었다. 사진 속의 나는 세상이 아름답고 시간이 영원할 것 마냥 웃고 있었다. 또 다른 상자에는 또 정신분열병, 의학, 신경생물학 책과 뇌 3차원 장비, 스코틀랜드 여행 때 내가 선물해준 케이스네스(Caithness) 서진, 미국 국립미술관에서 반 고흐 전시회 때 구한 고흐의 커다란〈흰 장미〉 프린트가 들어 있었다. 책과 서진은 내가 간직하고 반 고흐 프린트는 리처드의 친구에게 줄 생각이었다.

뇌 3차원 장비는 어떻게 하지? 그 장비는 리처드와 그의 동료들이 파킨슨병의 치료법을 연구하기 위해 개발하여 특허를 받은 뇌 조직 이식 시스템의 일부였다. 부품을 꺼내고 긴 놋쇠 나사를 원으로 배열해놓고 고민했다. '버릴까? 리처드라면 당연히 보관했겠지? 이 부품을 다 어디다 놔두지?' 나는 앉아서 꼼짝도 하지 않았다. '놔둘까, 버릴까? 놔둘까, 버릴까?' 결국엔 한 데 모아 부엌으로 가지고 가서 꽃병에다 꽂았다. 꽃병 옆으로 흘러내리는 모양이 꼭 금속 꽃 같았다. 꽃병은 그대로 유지하고 위치를 옮겼다. 꽃병을 결혼사진 옆에다 놓고는 웃었다. 리처드가 좋아할 것 같았다.

이러한 우편물은 나에게 종종 충격을 주거나 때로는 불쾌함을 주기도 했었다. 관료제도는 사람을 불쾌하게 하는 데 일가견이 있다. 캘리포니아 의무위원회는 어디 내놔도 빠지지 않았다. 거기서 보낸 편지는 이렇게 시작되었다. "관계 당사자 앞, 캘리포니아 의무위원회의 면허 부서는 리처드 J. 와이엇 박사가 사망했다는 소식을 접수했습니다. 이것이 사실이라면 와이엇 박사의 가족, 친구, 동료에게 애도의 뜻을 표하는 바입니다. 면허 부서에서 필요한 서류 변경 작업을 할 수 있도록 사망진단서 한 부를 보내 주시기 바랍니다." 캘리포니아 면허 위원회는 와이엇 박사의 면허를 말소할 것이다.

리처드가 죽고 몇 달 뒤 영국에 갔다. 강연을 하기 위해서였지만 내가 속해 있는 세계에서 도망치고 싶은 마음도 있었다. 영국에 가자마자 런던 도서관에 자리를 잡았다. 서가에서 제임스 배리(1860~1937, 영국의 소설가 겸 극작가)와 루이 암스트롱(1901~1971, 미국의 가수 겸 트럼펫 연주가)의 자서전과 별에 관한 책을 한 무더기 모아서 열광에 관한 책 작업에 몰두했다. 우주에 있는 별과 은하계의 숫자와 우주진 속의 다이아몬드 그램 수에 대해 내가 수집한 기사를 조사하고 백합과 아메바의 DNA 염기쌍에 대한 글을 읽었다. 리처드가 이런 주제에 흥미를 느끼리라는 생각에 리처드와 더 가까워진 느낌이었지만 우리 둘에 대해서는 거의 생각하지 않았다. 처음으로 리처드의 부재와 상실로 인한 고통에서 벗어나 다른 생각과 이미지에 몰두했다는 사실을 깨달았다. 그 사실이 약간의 희망을 주었다. 그만한 희망을 얻기까지 엄청난 노력을 쏟았던 것이다.

하지만 그런 즐거움은 도서관 문에서 끝났다. 잊고 있었던 모든 기억이 문밖으로 나오자마자 되살아났다. '뭘 하려고 했더라? 어디로 가지? 리처드 없이 런던에서 어떻게 지내지? 별과 아메바에 대해서 누구와 이야기하지? 누구를 위해서 넥타이를 사나?' 남편이 옆에 있기를 바랐다.

내가 진짜로 원하는 것이 다시 떠올랐다. 나는 남편이 돌아오기를 원했다.

며칠 뒤 워릭에서 개최된 자살에 관한 유럽 회의에서 강연을 마친 뒤 다른 임상 논문 발표를 참관했다. 하지만 그 발표는 듣지 말았어야 했다. 발표내용 중에서 자살의 사회적인 위험 요인은 배우자 상실, 혼자 사는 것, 독신으로 사는 것이라는 말밖에 기억나지 않았다. 그 말대로라면 나는 뇌에 있는 질환뿐만 아니라 감정적인 면에서도 취약한 상태임이 분명했다. 그 사실을 충분히 잘 알고 있었기에 더는 듣고 싶지 않았다. 전에 리처드는 《샬롯의 거미줄》을 '거미에게 보호받는 돼지와 서로를 보살펴주는 방법에 관한 책' 이라고 요약해서 말했다. 리처드와 나도 그렇게 서로를 보호해주었으며 나는 '위험 요인' 에 대해서는 생각하지 않았다.)

그해 가을 결혼기념일에 로마의 반지와 별 반지를 끼고 단단히 무장한 채 리처드 산소에 갔다. 우리 결혼식 날을 생각하려 했지만, 리처드는 지금 싸늘한 시신이 되어 있다는 생각을 떨칠 수가 없었다. 삶이나 죽음 옆에서는 기억이 희미해진다. 이런 생각이 들었다. '땅이 얼고 땅에 놓인 꽃병에 든 물이 얼면 리처드는 어떻게 되는 거지? 나도 혼자지만 리처드는 더 철저히 혼자다. 그런데 지금 리처드를 위해 해줄 수 있는 게 아무 것도 없다.' 전에는 한 번도 생각해보지 않은 것에 대해 참 많은 것을 생각하게 되었다. 나는 망연

자실하여 정신이 멍해졌다. 무슨 생각을 하고 어떤 기분이었는지 알지 못했다. 모든 것이 혼란스럽고 불안정하고 어긋난 것 같았다.

나는 리처드의 무덤 근처에 있는 대리석 벤치에 앉아서 토머스 하디(1840~1928, 영국의 소설가 · 시인), 루이스 맥니스(1907~1963, 아일랜드 시인 · 극작가), 에드워드 토머스(1878~1917, 앵글로 웨일스의 산문 작가 · 시인), 로버트 브리지스(1844~1930, 영국의 시인)의 시를 읽었다. 그중에서 브리지스의 〈시〉의 마지막 구절을 소리 내어 리처드에게 읽어주었다.

내 그대를 보내지 않으리.
수많은 끈으로 그대를 붙잡으리
그대는 이별을 고했지만, 보라!
내가 끈으로 그대를 붙잡았나니,
내 그대를 보내지 않으리.

그러고 나서 나는 잠시 리처드를 놓아주었다.

그해 11월 유성우가 또 쏟아졌다. 마음에서 열정을 불러 유성우를 즐겨보려 했지만 할 수 없었다. 자정에 유성을 보러 바깥에 나갔지만, 보름달 때문에 아무 것도 볼 수 없었다. 새벽 다섯 시에 다시 나갔더니 이번에는 몇 개가 보였지만 리처드가 없으니 아무런 의미가 없었다. 바로 전년도에 공원에서 보낸 새벽과는 전혀 비교가 되지 않았다. 쏟아지는 유성에서 도망을 치는 것은 상상도 할 수 없는 일이었다. 하지만 나는 도망쳐 실내로 들어와 버렸다.

크리스마스 시즌은 힘들 거라고 예상했다. 너무 심하게 힘들지 않기만을 바랐다. 크리스마스에는 너무나 많은 추억 너무나 특별한 추억이 숨겨져 있었다. 리처드는 하얀 크리스마스 조명을 좋아했고 나는 컬러 조명을 좋아했다. 또 리처드는 깜박이는 빛을 좋아했지만 나는 반대였다. 매년 우리는 나를 위해 깜박거리지 않는 컬러 조명을 달고 리처드를 위해 깜박거리는 하얀 조명을 달았다. 뒤죽박죽으로 보였지만 나름대로 야릇한 멋이 있었다. 리처드 없이 보내는 첫 크리스마스에 조명을 어떻게 해야 할지 몰라 아무 것도 하지 않았다. 그런데 어느 날 밤 집에 돌아왔더니 그 이상한 '깜박이 안 깜박이' 조명이 장식되어 있는 게 아닌가. 오랫동안 리처드와 나 그리고 우리 둘의 일을 도와주었던 친한 친구이자 아버지와 같은 사일러스 존스가 준비해둔 것이었다. 리처드와 나의 영혼이 집과 마당을 밝히고 있는 것이었다. 추운 계절에 따뜻함을 느낀 순간이었다.

트리를 장식하는 것은 우울한 일이었다. 장식품 하나하나에 추억이 담겨 있었으니까. 트리에 생강 빵 눈송이, 유리 막대기 사탕, 못난이 점토 앵무새, 런던에서 산 수제 유리 공을 매달았다. 작은 애도의 표시로 트리에 반짝이 줄은 걸지 않았다. 아무도 알지 못하지만, 나에게는 중요한 의식이었다. 반짝이 줄은 어린 시절 크리스마스의 설렘을 나타내는 장식품이었다. 그러한 그것을 걸지 않는 것은 고난주간을 의미하는 것이었다.

트리 조명을 더 사러 가게에 가야 했다. 이 사실을 리처드에게 말해주고 싶었지만 리처드는 없었다. 그래도 적어도 리처드가 웃는 것을 상상할 수 있었다. 그 순간은 좋았다. 물론 그 상상 웃음의 순간은 지속될 수 없었지만… 문을 나서는 순간, 무언가가 쿵 하고 떨어짐과 동시에 부서지는 소리가 났다. 트리가 쓰러져서 우리의 추억이 담긴 장식품 몇 개가 벽난로 위에서 산산조각이 났다. 나는 미신을 믿지 않았지만 무서운 예감에 소름이 돋았다. 어둠이 어둠을 불러올 것 같았다.

다음날 나는 리처드의 연구 조교를 데리고 나가 점심을 먹었다. 한창 이야기를 하던 중 크리스마스 트리가 쓰러졌다며 전에는 한 번도 그런 일이 없었는데 불길하다고 말했다. 그러자 조교의 얼굴이 창백해지며 전날 밤 그 조교네 크리스마스 트리도 생전 처음으로 쓰러졌다는 것이었다. 트리가 쓰러지면서 장식품 세 개가 부서졌는데 그중에는 10년 전에 리처드가 준 것도 있었다고 했다. 어쩌면 그것은 자기만 아는 방식으로 행동하는 리처드였을지도 모른다고 우리는 생각했다.

그날 오후에 크리스마스 트리 아랫부분의 가지를 좀 잘라서 리처드의 화강암 묘비에 놓아주었다. 그리고 〈참 반가운 신도여〉를 들었다. 노래가 가슴에 사무쳐 순간 감정이 북받쳐 올라왔다. 그날 밤 꿈에 리처드가 나타났다. 시작은 좋았다. 리처드와 나는 하와이에서 열리는 과학 회의에 참석하는 것에 대해 이야기하고 있었다. 그러다가 리처드에게 물었다. "당신 그렇게 멀리까지 비행기타고 가도 괜찮겠어?"

건강해 보이는 리처드가 놀라며 대답했다. "당연하지. 왜 물어?"

그 순간 상상도 못할 안도감을 느꼈다. 잘못 알았을지도 모른다.

내가 말했다. "당신이 죽은 줄 알았어."

리처드는 항상 그래 왔던 것처럼 나를 꼭 안고 위로해주며 이렇게 말했다. "크리스마스인 거 알아. 자기야, 미안해." 그리고 리처드는 떠났다. 너무 생생해서 차라리 꿈을 꾸지 않는 것보다 훨씬 나빴다.

크리스마스 이브에 교회에 갈 자신이 없었다. 리처드와 함께한 기억이 너무 많기도 했고 아는 사람과 마주칠까봐 두려웠기 때문이다. 그래서 뉴욕 가의 장로교회에 가서 촛불 성찬식에 참석했다. 2차 세계대전 당시 그곳에서 엄마는 어린 신부로서 예배를 드렸고 피터 마샬(Peter Marshall, 1902~1949, 스코틀랜드 계 미국인 목사)의 설교를 들으셨다. 전쟁 동안 피터 마샬의 설교가 워싱턴에 목적의식과 치유력을 가져다주었다고 엄마는 자주 이야기하셨다. 에이브러햄 링컨도 남북전쟁 동안 그곳에서 위안을 구했다고 한다. 그곳에 간 것이 괜찮은 것 같았다. 하지만 캐럴을 부르려고 했지만 부를 수가 없었다. 마지막 캐럴이 끝난 후 교회에서 뛰쳐나왔다. 예배를 드리는 동안 내린 첫눈이 도시의 나무와 땅을 하얗게 뒤덮어 아름다웠다. 크리스마스의 작은 마술이 돌아온 것이다. 크리스마스 아침 리처드 무덤 위 눈에다 "사랑해"라고 써주려고 생각했다. 마침 눈이 오는 것을 보니 마음이 한결 밝아졌다. 하지만 집으로 차를 몰고 가는 동안 마음이 변했다. 무덤 위의 눈은 왠지 모르게 불길해 보였다. 오히려 땅보다 더 속박하는 듯한 느낌을 주었다. 이 눈은 어린 시절의 눈이 아니라 수많은 겨울을 넘긴 가혹한 눈이었다.

크리스마스 기간은 물론 중요한 날에는 혼자 지낸 적이 없었다. 친구들과 가족이 항상 챙겨주었다. 밥과 메리 제인 갈로, 제프와 케슬린 쉴럼, 제레미, 엄마와 오빠와 함께 크리스마스 바로 얼마 뒤에 조지타운에 있는 1789 레스토랑에 갔다. 리처드와 나는 결혼식날 밤을 포함하여 기념일이나 특별한 날이면 늘 그곳을 찾았다. 리처드와 나는 윌슨벤틀리의 '스노우플레이크(Snowflake, 눈송이)'를 좋아했기에 우정에 대한 감사의 표시로 모든 친구에게 눈송이가 새겨진 스튜벤 크리스탈 서진을 선물했다. 눈 결정처럼 개개인이 모여 눈송이처럼 독특하고 강한 유대를 형성하는 우리의 결합을 기리는 의미에서 '눈송이 클럽'이라는 이름을 붙였다. 우리는 각자 고유한 삶의 역사를 가지고 있었지만 서로 연결되어 함께 더 강한 존재가 되어 있었다. 좋을 때나 나쁠 때나 항상 함께 웃고 서로에게 다정하게 시간을 후하게 내주었다. 리처드가 그랬듯이 나도 그들 모두에게 삶을 의지했다.

리처드가 죽은 뒤 첫 크리스마스 때 새로 이름을 지은 우리 눈송이 클럽은 불 옆에서 캐럴을 부르며 리처드를 위해 잔을 들었다. 따뜻함과 우정 덕분에 리처드를 향한 그리움을 생각보다 많이 극복할 수 있었다. 테이블이 좀 조용해지거나 사색적인 분위기가 될 때만 눈물이 글썽거렸다. 제프가 염려하는 눈빛으로 나를 바라보는 것이 느껴져 조용한 순간에도 마음처럼 그렇게 암울한 티를 낼 수는 없었다. 겨울의 첫 밤이었다.

크리스마스 아침에는 슬픔에 몸부림쳤다. 불과 며칠 전만 해도 평온했지만, 이제는 마음이 뒤숭숭했다. 슬픔이 급작스럽게 몰려와 찌르는 듯한 고통을 주었다. 나는 배우자를 잃었다. 그것은 원시적인 동물적 감정상태였다. 우울한 것이 아니라 그냥 밀려오는 슬픔을 이기지 못하는 것이었다. 삶에서 느꼈던 활기와 기쁨이 오래전 일처럼 느껴졌고 리처드가 있어야만 느낄 수 있는 감정 같았다. 하지만 리처드는 여기에 없었다.

"남편을 돌려주세요." 나는 혼잣말을 되풀이했다. "남편을 돌려주세요." 조용한 공포를 담은 단조로운 반복이었다. 아무리 반복해도 소용없는 기도였다.

그러나 다행히도 크리스마스 밤은 생각했던 것만큼 끔찍하지는 않았다. 내 기억에 처음으로 '채워지지 않은' 크리스마스를 경험했다. 나에게는 약속과 기쁨, 오랜 의식과 캐럴에서 오는 추억, 친구들과의 동행, 암울한 계절을 비추는 빛이 필요했다. 리처드 이전의 삶이 있었으니 리처드가 죽은 이후에도 삶이 있을 것이다. 나는 이 사실을 받아들이고 거의 믿었다.

리처드가 죽은 이후 그 크리스마스를 기점으로 나는 달라졌다. 공포가 현실을 앞질러 마음속에 평화가 밀려왔다. 착각이었을 수도 있다. 하지만 아름답고 슬픈 교회의 어둠 속에서 퍼지던 캐럴과 촛불의 부드러움이 크리스마스 시즌이 지나간 뒤에도 한동안 머물렀다.

테니슨이 친구인 아서 헨리 할람이 죽고 난 뒤 첫 크리스마스 때 쓴 시이다. "보다 부드러운 감정이 어느새 다가왔다 / 우리에게, 휴식은 충분하리라 / 우리는 말했다, '그들은 쉬고 있다' / '그들은 단잠을 자고 있다.'"

최소한 리처드를 그리워하는 고통은 잠시 잊을 수 있었다. 리처드의 산소에 가면서 도전의 의미로 장미를 가지고 갔다. 땅에 놓인 꽃병 속의 얼음이 깨지지 않아서 꽃을 눈 위에 펼쳐놓았다. 진홍색 꽃이 하얀 눈과 잿빛 화강암, 삶의 오점과 분노에 대항하도록...

그런데 새해의 시작이 좋지 않았다. 호박이가 아팠다. 호박이는 움직임이 둔해지고 먹을 것을 주면 코를 옆으로 돌려버렸다. 심지어 호박이가 제일 좋아하는 블루 베리와 스틸턴 치즈(Stilton cheese, 푸른 곰팡이로 숙성시킨 영국산 반연질 치즈)에 입도 대지 않았다. 수의사는 호박이가 간암에 걸렸는데 암이 퍼져 얼마 살지 못할 거라며 안락사를 시키라고 권했다. 사일러스와 이야기를 나눈 끝에 그렇게 하는 것이 호박이를 가장 위하는 길이라는 데에 의견을 같이했다.

호박이의 마지막 날에 리처드와 마지막을 함께 할 수 있도록 그의 셔츠를 입혀주었다. 그리고 수의사가 정맥용 진정제와 소듐 펜토탈을 투여하는 동안 사일러스와 나는 호박이를 잡아 주었다. 리처드의 죽음에는 괴상한 술책이 동반되었는데 그와 달리 호박이는 아주 평화롭게 갔다. 반들반들한 긴 귀가 평소와 다름없이 머리 주변에 펼쳐져 있었다. 고요하고 장엄한 죽음이었다.

호박이가 죽고 나자 집안이 텅 빈 것 같았다. 리처드가 죽었을 때처럼 장례 준비나 조문객이나 가족 등 다른 신경 쓸 일이 아무 것도 없었다. 이제 밤이면 새로운 빈 공간과 새로운 고요가 내 곁에 생겼다. 코를 킁킁거리거나 코를 고는 소리도 침대 위에서 원으로 걸어 다니는 소리도 들리지 않았다. 6개월 전까지는 잠자리에 들기 전에 인사할 대상이 둘이 있었는데 이제 아무도 없었다. 호박이는 리처드와 함께 15년 가까이 내 삶을 차지했던 일부였다. 리처드와 나를 묶어주는 고리가 없어진 셈이다. 호박이도 가고 리처드도 갔다.

호박이 죽음에 대한 슬픔에 답을 찾은 사람은 사일러스였다. 어느 날 오후 사일러스는 내 서재에 들르는 길에 구조 프로그램에서 양육하는 바셋 하운드의 사진과 설명 자료를 가지고 왔다. 내 책상 위에 사진을 남겨두며 이렇게 말했다. "너무 이르다는 것은 알지만 한번 생각해보세요." 문을 나가며 한마디 더 했다. "공중에 발을 들고 있는 애가 좀 귀엽더라고요." 사일러스에게 고맙지만 다른 개를 생각하기에는 너무 이르다고 생각했다. 가슴이 부서져서 나아질 가망이 없었다.

사일러스는 똑똑한 만큼 직관도 뛰어난데다가 나를 잘 알았다. 나의 호기심을 자극하는 데 성공했다. 사일러스가 나가고 나서 두고 간 종이를 집어 들었다. 내가 어쩔 도리가 없음을 그는 잘 알고 있었던 것이다. 공중에 발을 들고 있는 그 바셋 하운드는 여섯 살이었으며 보호소에서 다른 개 아홉 마리와 살고 있었다. 활기가 느껴지는 강아지였다. 우리는 그 강아지를 만나보는 것도 나쁘지 않겠다는 데 동의했다.

며칠 뒤에 그 강아지를 보기 위해 차를 몰고 버지니아에 갔다. 시작도 하기 전에 상황은 이미 끝이 났다. 무게가 약 25킬로그램 정도 되는 바셋 하운드가 나에게 뛰어올라 얼굴을 핥는 것이 아닌가. 바로 그렇게 결정이 끝났고 리처드가 바셋 하운드 자금으로 남겨준 돈 중에 일부를 꺼내서 구조 그룹에 주었다. 새 바셋 하운드에게 버블이라는 이름을 붙여주었다. 왜 그 이름을 지었는지는 누구라도 버블이를 보면 알 수 있다. 호박이는 부끄럼이 많고 삶 그 자체에 만족하며 겁이 많았다. 버블이는 활기차고 겁이 없었다. 둘은 극과

극이었다. 그것은 하느님이 주신 선물이었다.

집에 오는 동안 버블이는 쭉 내 무릎 위에 앉아서 창밖으로 코를 삐죽 내밀고 있었다. 마치 사일러스와 나를 오래 전부터 알고 지낸 것처럼 편안해 보였다. 집에 도착하자마자 바로 마당이 보이는 방으로 달려가 두리번거리더니 소파 위로 뛰어올라갔다. 그리고는 꼭 고양이처럼 소파 꼭대기를 따라 걸었다. 잠시 마당을 쳐다보더니 새로 산 하얀 깔개 위로 우아하게 내려와 안도했다. 그렇게 버블이는 우리 집에 왔다.

병과 죽음이 가득했던 집에서 새로운 생활을 시작하는 것은 좋은 일이자 꼭 필요한 일이다.

라 비 르코망스 – 삶은 다시 시작한다.

버블이가 온 지 얼마 안 됐을 때 듀크 대학에 강연을 하러 노스캐롤라이나에 갔다. 듀크 대학 전 총장과 그의 아내는 리처드의 친한 친구여서 친절하게 내게도 우정어린 태도로 대해주었다. 그 집에서 하룻밤을 지내고 다음날 아침에 집을 나설 때 집에서 만든 생강 쿠키 한 봉지를 챙겨주었다. 집에 돌아와서 버블이의 손이 닿지 않는 주방 조리대 위에 생강 쿠키를 올려두었다. 하지만 버블이의 손이 닿지 않는 곳은 아무 데도 없다는 사실을 나중에서야 알게 되었다. 버블이는 코로 의자를 밀어서 사다리 대용으로 사용했다. 그날 밤에 침실에 올라가다가 보니 버블이가 소파 위에서 무엇인가에 코를 파묻은 채 잠들어 있었다. 잠시 다람쥐를 잡은 것인 줄 알았는데 가만히 보니 생강 쿠키 봉지였다. 버블이는 쿠키 봉지를 주방 조리대에서 내려서 위층으로 갖고 간 것이었다. 지금은 코로 쿠키를 지키고 있었다. 며칠 동안 쿠키 봉지를 갖고 다녔지만 절대 먹지는 않았다.

가끔씩 버블이에게서 예전에 살던 집 아이들과 함께 지냈던 흔적을 볼 수 있었다. 악수를 하기 위해 계속 발을 들어 올리고 등으로 구르기를 하며 발을 차면서 대놓고 애정을 요구했다. 무언가 중요한 것을 잃어버린 뒤 받은 상처를 드러냈다. 그런 면에서 우리는 서로 비슷했다. 버블이는 가족을 잃었고 나는 리처드를 잃었다. 이제 우리에게는 서로가 있었다. 똑같지는 않았지만 좋았다. 버블이는 생강 쿠키 봉지에게 그랬던 것처럼 나의 감정에도 관대했다.

봄에 샌프란시스코에서 열리는 미국정신의학회에 참석했다. 모든 곳에서 리처드의 부재를 느꼈다. 동료들과 함께 한 저녁식사 자리에서 이제 나는 부부의 반쪽이 아니라 그냥 혼자였다. 그리고 과학 세션과 제약회사 코너에서 정보를 구할 때에는 집중이 안 돼서 회의 내용의 흐름을 제대로 따라갈 수가 없었다. 회의 첫날밤에는 호텔방에 가서 울었다. 회의도 식사도 리처드가 없이는 아무런 의미가 없었다. 리처드 없이는 어떤 것도 중요하지 않은 것 같았다.

연구 포스터 전시장에 억지로 가서 젊은 과학자들이 발표하는 것을 들었다. 그들은 열정적이었으며 아직 삶을 경계하지 않았다. 억지로라도 학회에 가길 잘했다. 일이 미덕이며 새로운 생각과 유망한 임상 연구결과를 듣는 것이 얼마나 중요하고 기운을 주는지 깨닫기 시작했다. 함께 보낸 마지막 밸런타인데이 때 리처드가 말했었다. "당신에게 일은 중요한 거야. 내가 없을 때 일이 도움될 거야. 또 일을 통해 우리 둘이 가까워질 거고." 리처드의 말이 맞았다. 일은 고유의 가치를 가진 견고한 것이었다. 글을 쓰고 가르치는 일이 슬픔을 상쇄하여 슬픔을 견딜 수 있게 해주고 새로운 삶을 주었다.

리처드는 과학과 생각에 낭만적인 사람이었다. 나는 리처드의 그런 면을 좋아했다. 우리가 만나기 시작한 힘든 시기에 리처드가 가까이에 머물 수 있었던 것도 그런 면 때문이었다. 우리가 공유했던 내면의 가치는 변하지 않는 것이었다. 처음 만났을 때 서로에게 끌리게 된 것도 그것 때문이었고 함께 한 마지막 날에 이야기했던 것도 그것이었다. 리처드는 생각을 진지하게 여겼으며 자신의 마음이나 시간을 허비하지 않았다.

리처드의 이런 면을 얼마 전 스웨덴의 룬드 대학에서 강연할 때 생각했다. 12월 초라 오래된 대학가 곳곳에 있는 집이나 상점의 창은 작고 하얀 조명으로 빛났다. 수많은 조명과 아름다움이 어둠에 대항하고 있었다. 리처드와 함께 그 지역과 사람과 역사를 경험하고 또 함께 사랑을 나누고 그의 팔에서 잠들 수 있기를 바랐기에 무척 가슴이 아팠다. 우리는 대학가를 정말 좋아했다. 특히 수백 년 동안 배움과 가르침이 이어져 온 대학가를 좋아했다. 그런 대학가에 스며있는 느낌과 생각을 좋아했다.

룬드에서 스웨덴 동료와 뜻 깊은 시간을 보냈지만 그래도 리처드가 그리웠다. 리처드가 있었으면 더 많은 것에 관심을 가졌을 것이다. 룬드와 룬드의 과학적인 사고, 전통을 좋아했을 것이다. 또 생각의 역사를 일으킨 진지함을 좋아했을 것이다. 어느 날 저녁식사 때 보니 룬드 대학의 교수 몇 명이 금반지를 두 개씩 끼고 있는 것이었다. 동료의 말에 의하면 하나는 결혼반지이고 나머지 하나는 박사학위 시험을 마친 사람에게 주는 반지라 했다. 신이나 배우자에게 존중을 표시하듯이 지식에 대해서도 존중을 표시하는 독특한 풍습이었다. 분명 리처드도 그 풍습을 좋아했을 것이다.

리처드가 죽은 뒤 처리해야 할 일이 많았다. 열광에 관한 책도 마무리해야 했고 그 뒤에는 동료와 함께 양극성장애와 재발성 우울증에 관한 의학 교재 천4백 페이지를 수정해야 했다. 열심히 일하는 수밖에 없는 상황이었다. 그래서 그것이 축복이었다. 리처드가 아팠던 동안 일에서 손을 뗐지만 이제 돌아가고 싶었고 또 그래야 했다.

리처드가 죽은 뒤 첫해가 가장 힘들었다. 가장 쓰라린 고통을 맛보았으며 거기에서 벗어나고자 했던 빈약하고 단편적인 방법이 오히려 고통을 더했다. 하지만 나는 서서히 바뀌었다. 리처드의 첫 번째 기일이 작지만 상징적인 전기가 되었다. 양극성장애에 관한 국제회의에서 동료들이 나에게 상을 수여하고 소감을 말할 기회를 주었다. 나는 여느 양극성장애 환자와 마찬가지로 이 방에 있는 수백 명의 과학자와 의사 덕택에 살 수 있었다고 했다. 정말 그랬으며 그 사실을 가슴 깊이 느끼고 있었다. 그러고 나서 리처드에 대해서 말했다. 리처드가 정확히 일 년 전에 죽었는데 나의 병에 대해서 책을 쓰도록 격려해준 사람이 리처드였다고 말했다. 남편으로서 동료로서 친구로서 생각할 수 있는 모든 수단으로 나를 격려해주었다고 말한 뒤, 더 이상 말을 이을 수가 없었다. 계속 하다가는 무너져 내릴 것만 같았다.

어느 동료가 그것을 알아차렸는지 최대한 친절하게 내 자리로 안

내해주었다. 청중은 박수를 치기 시작하더니 끊임없이 박수를 보내주었다. 휘파람을 불고 환호를 해주는 사람도 있었다. 진심어린 특별한 반응이 오랫동안 계속되었다. 그 환호는 딱 필요한 순간에 내 삶에 따뜻함을 주었다. 그리고 중요한 것은 일이며, 사랑과 삶과 죽음이라는 맥락에서 일을 해야 한다는 사실을 다시금 상기시켜 주었다. 물론 그전에도 알고 있었지만 동료들의 중요성을 새삼 가슴으로 느끼게 되었다. 그 방에 있는 사람은 모두 치료 업무에 종사하며 고통을 개선하기 위해 일을 하는 사람들이었다. 일 년 중 단 일분의 시간이었지만 그 관대함의 순간에 새로운 계기를 발견했다.

우리는 크고 작은 것들을 믿으며 그것에 의미를 부여한다. 실제로 존재하는 의미일 수도 있고 계속 살아가기 위해서 필요에 따라 부여하는 의미일 수도 있다. 나는 꽃을 들고 리처드의 산소에 간다. 그리고 그 꽃을 끝까지 가지고 갈 것이다. 한 손에는 오렌지색 튤립을 한 손에는 얼음을 깰 망치를 들고 간다. 왜? 무슨 용도로? 화려한 꽃의 색깔로 잿빛 화강암 묘비에 순간이나마 생기를 더해주기 위해서? 그 순간이 지속되지는 않겠지만...

마틴 루터는 세상이 내일 멸망하더라도 한 그루의 사과나무를 심겠다고 선언했다고 한다. 매년 크리스마스 때 리처드의 산소에 가서 상록수 가지를 모아 튤립과 장미를 꽁꽁 둘러싸았다. 꽃을 따뜻하게 하고 또 다른 시간에서 그 꽃들을 보호하기 위해서다. 리처드 곁에 아름다움이 있다는 사실이 기쁨이 되었다. 지속되지 않는 아름다움이라도 말이다. 그것은 소소한 것이지만 중요했다. 리처드가 잊혀지거나 홀로 누워있게 하고 싶지 않으므로…

애도와 우울

리처드가 죽은 뒤 나는 우울증에 빠지지도 미치지도 않았다. 혼란스럽긴 했지만 임상적 의미에서 우울 상태는 아니었고 불안하긴 했지만 조증으로 인한 흥분은 아니었다. 즉, 내 평상시의 정신이 아니었지만 미친 것은 아니었다. 지금보다 미래는 더 나을 것이라고 생각하고 상상할 수 있었으니까 그랬기에 자살에 대해서는 생각하지도 않았다. 하지만 리처드의 죽음이 내 안에 심한 어둠을 불러 일으켜 우울과 슬픔의 공통점과 차이점에 대해 생각하게 만들었다. 차이점은 확실히 알 수 있었지만 유사점은 명확하지 않았다.

리처드가 죽은 뒤 우울증에 빠진 사람처럼 내가 누구인지 혹은 기본적인 삶을 어떻게 살아갈지에 대한 감을 잃지는 않았다. 리처드는 내 인생에서 가장 중요하고 미래의 중심에 있던 사람이다. 나는 그런 사람을 잃었고 그것으로 인해 수많은 꿈도 잃었지만 꿈을 꿀 수 있는 능력까지 잃어버리지는 않았다. 리처드를 잃은 슬픔은 충격적이었지만 죽을 정도는 아니었다.

우울은 잔인하며 사건에 좌우되지 않고 늘 일정하다는 사실을 알고 있었다. 그 우울의 고통도 크게 벗어나지 않는다는 것도 알고 있었다. 하지만 죽음에서 오는 슬픔은 달랐다. 슬픔은 파도처럼 밀려와 불시에 덮쳤다. 가장 살아있다고 느낄 때 그리고 이제 슬픔에서 벗어났다고 생각할 때 공격을 해왔다. *리처드가 떠난 것을 훨씬 더 잘 견딜 수 있어.* 삶의 새로운 즐거움에 힘을 얻어 이제 다시 살아나갈 수 있겠다 생각하면 곧이어 견디기 힘든 그리움의 파도가 밀려와 나를 저만치에다 싸늘하게 내동댕이치는 것이었다.

그러나 나는 어느덧 습격을 예상하고 대처하는 법을 배우게 되었다. 어떤 곳에서나 리처드에 대한 기억은 추억의 향기처럼 갑자기 떠올라 그의 존재를 잊고 있던 내 마음이 새삼 추억에 빠지게끔 만들었다. 그러고 나서 포식동물에 대항하는 먹잇감처럼 보호하기 위해 똘똘 감아 몸을 움츠렸다. *리처드는 죽을 수 없어.'* 또다시 리처드가 없다는 사실에 사로잡혀 신을 저주했다. *리처드는 돌아오지 않을 거야.'* 나는 매번 새롭게 대면한 후그 사실을 인식하게 되었다. 시간이 지날수록 혼란스러움은 잦아들고 사실은 선명해졌다. *'리처드는 돌아오지 않을 것이다. 너무 오래 떠나 있었다.'*

슬픔은 빙 돌려서 가르쳐주었다. 슬픔은 단호하며 빈틈없고 잔인한 교사였다. 때로는 부드럽고도 교활하게, 때로는 질풍처럼 무차별적으로 공격을 퍼부었다. 리처드와 함께 했던 우리 둘의 존재의미를 리처드가 있어야 할 더 먼 곳에 둘 수 있게 되기까지 슬픔은 이쪽에서 저쪽에서, 때로는 부분 부분으로 전체로 끈질기게 리처드를 생각나게 했다. 기억과 비탄에 빠져 이성을 잃고 곪은 상처 속에서 허우적거렸다.

나는 슬픔에 맞서 치열하게 도전적으로 싸웠다. 슬픔에 빠져 푸념했다. *'계속 제 곁에 머물 수 없다면 리처드를 불러와 생각나지 말게 해주세요.'* 하지만 슬픔은 자기 식대로 가르쳤다. 리처드에 대한 생각은 내 선택과 상관없이 떠올랐다가 사라졌다. 아담 이전의 슬픔과 훌륭하게 진화된 슬픔은 어떻게 하는 것이 최선의 공격인지 알고 있는 듯했다. 리처드가 결국 떠나야 한다면, 왔다가 가고 또다시 오는 것을 반복해야 했다. 내가 리처드를 위해 새로운 장소를 찾을 수 있도록, 리처드와 함께할 수 있는 새로운 방식을 찾을 수 있도록, 계속 살아갈 수 있도록 리처드는 떠나야 했다. 아니면 그렇게 믿음으로써 마음의 평화를 얻었다.

루이스(1898~1963, 나니아 연대기 작가)는 슬픔을 '굽이마다 완전히 새로운 광경을 드러내는 굽이진 계곡'에 비유했다. 진짜 그렇다. 슬픔에서 오는 교훈은 예기치 못한 움직임에서, 과거는 어찌 되었고 미래는 어찌 될지에 대한 변화하는 시각에서 온다. 고통이 무척이나 자주 감당할 수 없는 의식으로 떠올랐다. 슬픔은 때가 되면 스스로 닳아 없어질 것이라는 확신을 주려 꾀를 부린다. 반면 우울은 악성이며 무차별적으로 파괴적이다. 슬픔은 우울과 닮았으면서도 많이 다르다.

육체적으로는 우울증이 발병했을 때보다 리처드의 사망 이후가 훨씬 좋았다. 잠을 자지 못했지만 그래도 나름 충분한 만큼은 잤고 그렇지 못할 때에는 대개 약의 효과를 보았다. 내 정신은 보다 더 편협한 세계로 좁아졌다. 본질적인 의미에서 나는 혼자였다. 우울과 마찬가지로 슬픔도 대부분 혼자서 가야 하는 여행길이다. 나는 꿈속과 과거에 젖어 살았다. 미래는 한쪽으로 제쳐놓고 시간을 멈춰둔 상태로 말이다. 에너지가 바닥으로 떨어졌지만 나를 통찰할 정도는 남아 있었다. 우울 상태에서는 절대 불가능한 일이다. 우울 상태에서는 피로가 뼛속까지 스며들어 절망을 견딜 수 없게 만든다. 우울증에 빠져 있을 때에는 몸 안의 피를 다 쏟은 듯 기운이 빠진다. 리처드가 죽은 뒤에는 그렇지 않았다. 가슴이 미어졌지만 그래도 가슴은 뛰었다.

리처드가 죽은 뒤 제대로 되는 것이 아무것도 없음을 잘 알았다. 나에 관한 모든 것이 보살핌을 필요로 한다는 것도 알았다. 고독은 보살핌을 허용했고 슬픔은 고독을 강요했다. 슬픔을 극복하는 데는 시간만이 약이었다. 리처드가 죽고 난 뒤 내가 죽음에 대해 생각한 것들은 필연적이고 당연한 것이었다. 리처드의 죽음에 대해서 생각했지 나의 죽음에 대해서 생각하지 않았다. 하지만 우울증에 시달릴 때는 나의 죽음을 생각하고 원했다. 내가 오로지 추구하는 것은 나의 죽음이었던 것이다. 슬픔에 빠졌을 때에는 죽음이 고통을 불러오지만, 우울증에 시달릴 때에는 죽음이 고통에 대한 해답인 듯 여겨진다.

리처드가 죽은 뒤 몇 달 동안 눈에 띄게 불안했다. 리처드의 죽음 때문에 몹시 혼란스러웠다. 정신과 의사에게 다시 병이 재발할까봐 걱정된다고 했더니 의사는 그런 불안정은 피할 수 없는 것이며 아마도 슬픔의 필연적인 부분일 것이라며 안심시켜주었다. 그 괴로움이 조증으로 인한 흥분은 결코 아니며 때가 되면 괴로움이 줄어들 것이라고 했다. 죽음으로 인한 슬픔은 우울로 인한 슬픔만큼 그렇게 극단적이지 않았으며 이성을 없애지는 않았다. 리처드가 죽고 몇 달 동안 아주 불행하고 혼란스러웠지만 절망적이지는 않았다. 우울증이 발병했을 때에는 기분이 암울한 상태로 고착되어 변화가 없었지만 슬픔에 젖어 있는 동안에는 그렇지 않았다. 기분 변덕이 심했고 보통 가족이나 친구들의 존재에 따라 기분이 달라졌다. 웬만큼 세상의 기대치에 맞춰 살아갈 정도는 되었다. 정력을 아꼈지만 필요할 때는 불러낼 수 있었다. 빗속의 나비처럼 숨을 곳을 찾아 어쩔 수 없이 움직여야 할 때까지는 날개를 바짝 접고 있었지만 움직여야 할 때는 움직였다. 조심스럽게 움직이며 멀리 가지는 않았지만. 조만간 날씨가 갤 것이었다. 최악의 슬픔에 시달릴 때에도 언젠가 이렇게 날이 갤 것이라고 느꼈다. 하지만 무자비한 우울증에 빠져 있는 동안에는 그런 믿음이 없었다.

리처드가 죽은 이후 나는 정신이 온전하지 않았다. 정신이 또렷하지 않고 혼란스러웠다. 하지만 슬픔에서 느끼는 혼란과 우울에서 경험했던 혼란은 달랐다. 슬플 때나 우울할 때나 생각에 잠기기는 마찬가지였다. 반복적이고 암울한 생각이 계속해서 괴롭히며 다시 무언가를 만들고 사랑할 수 있을지 의심하게 했다. 하지만 우울 상태일 때는 온통 암울할 뿐만 아니라 죽음과 벌에 관한 생각만 했다. 돌아보면 우울에는 긍정적인 것이라고는 하나도 없었다.

슬픔은 나를 더 몰아붙이지 않았다. 원치 않는 기억이 찾아와 고요하던 마음을 어지럽혔지만 그래도 그 기억은 가끔씩 달콤함과 희미한 삶의 기운도 함께 가지고 왔다. 나는 삶의 무의미함에 대해서가 아니라 삶을 잃은 고통에 대해 생각했다. 희망은 사랑을 잃은 마음에서는 자리를 찾을 수 있지만 우울로 뒤덮인 마음에서는 자리를 찾을 수 없다. 슬픔에 빠졌을 때는 삶 자체가 아니라 삶 '하나'에서의 부재를 느낀다. 하지만 우울증에 시달릴 때는 삶의 리듬에 아예 다가설 수가 없다.

그러나 슬픔은 이상한 감수성을 일으킨다. 세상이 너무 격렬해서 견딜 수 없고, 남은 고통을 지우기 위해 베일, 술, 또 다른 마취제가 필요하다. 어떤 사람은 너무 많은 것을 보며 로버트 로웰의 표현대로 '피부가 한 층 떨어져 나간 것처럼' 느낀다.

리처드가 죽은 뒤 우울한 기분이나 마음 깊은 감정을 불러올 만한 것은 무엇이든 반사적으로 피했다. 주위에서 보고 들은 것에 압도당하지 않기 위해 애를 썼다. 이런 혼란스러운 감정 때문에 리처드의 묘에서 위안을 얻기도 했다. 거기서 고요함을 찾으리라는 것을 알고 있었다. 오래된 나무와 땅에 묻힌 자들의 고요에는 위안이 있었다. 나는 땅의 색깔을 새롭게 음미했다. 신경을 자극하며 침입하는 듯한 화려하고 선명한 색깔이었다. 리처드가 죽은 뒤 몇 달간은 집에 원색 물건을 가져가지 않았다. 베이지색 커튼을 걸고 흐릿한 린넨과 칙칙한 옷을 샀다. 그 시기는 내 인생에서 베이지색 시간이었으며 나중에는 '반 원피스' 기간이라 불렀던 시간이었다. 새 옷은 감추었다. 타인의 반응을 억제하려는 것이었다. 여름용 원피스와 정반대의 자유롭고 가벼운 것은 아무것도 없었다.

리처드가 죽으면서 얼어붙었던 나의 일부는 천천히 녹아야 했다. 그렇지 않으면 익사했을 것이다. 삶은 서서히 돌아와야 했다. 내 가슴은 한 번에 조금씩만 열 수 있었다. 그러기 위해서 본능적으로 음악을 찾았지만 생각했던 위안은 얻을 수 없었다. 오직 찬송가만이 신경을 진정시키고 편안함을 가져다주었다. 반면에 슈만과 베토벤의 음악은 가슴을 갈가리 찢어놓았다. 평소에는 엄청난 즐거움을 주던 음악이 그때는 참을 수 없는 고통을 주었다. 그들의 음악에서 느껴지는 아름다움은 너무나 인간적이면서도 비현실적으로 느껴졌다. 너무나 강렬하고도 너무나 직접적인 감정이었다. 슈만과 베토벤의 음악은 내버려두는 것이 최선인 내면의 감정을 일깨웠다. 슬픔으로 이성을 잃은 나머지 클래식 음악 소장품을 다 치워버렸다. 고통으로 접근하는 수단을 갖고 싶지 않았기 때문이다.

또한, 나는 다른 방식으로 감정을 숨겼다. 리처드가 죽은 뒤 첫 크리스마스 이브에 원래 다니던 성공회에 가지 않고 장로교회에 갔다. 일단은 아는 사람들과 마주치거나 리처드가 함께 했던 시간을 기억하고 싶지 않아서였다. 보다 본능적으로 한밤중에 갑작스런 기억의 홍수를 감수하고 싶지 않아서였다. 교회에서 나와 종이 울리고 눈이 올 것 같은 쌀쌀한 밤으로 들어가고 싶지 않았다. 그것은 순전히 감정에 대한 폭행 행위였다. 나는 확실한 성공회 교인이었지만 여러 해 동안 종종 장로교회에 갔다. 그가 죽은 후 처음 맞는 크리스마스 때 장로교회의 예배가 더 마음을 풀어준다는 사실을 발견했다. 예배 의식이 더 세련되어 있고 무릎을 꿇는 의식 없이 더 신자 위주로 진행되었다. 성찬은 제단이 아니라 신도 좌석에서 있었고 와인은 은으로 만든 성배가 아니라 작은 컵에 따랐다. 크리스마스 이브의 캐럴이 크리스마스 아침의 예배보다 훨씬 더 위안이 되었다. 나는 엄격한 앵글로 카톨릭 예배 대신 좀 더 수월한 스코틀랜드 교회의 전통 예배에 참석했다.

하지만 장로교회의 크리스마스가 나를 구원해주는 시간도 잠시뿐이었다. 예배가 끝날 무렵 교회의 조명을 낮추고 불을 밝힌 양초를 들고 앉아서 다같이 〈고요한 밤 거룩한 밤〉을 불렀다. 노래를 부르는 동안 리처드가 생각나서 울었다. 리처드가 좋아하는 캐럴이었기 때문이다. 그리고 리처드에 대한 기억이 떠오르는 것을 막기 위해 할 수 있는 게 정말 아무 것도 없다는 사실 때문에 울었다.

밀레이(Millay, 1892~1950, 미국 시인 겸 극작가)는 이런 시를 남겼다. "비가 흐느끼며 내릴 때 그가 그립다. 조수가 움츠러들 때 그가 그립다." 그렇다. 하지만 나는 어디서나 그가 그립다.

처음부터 시는 음악이 주지 못하는 위안을 주었다. 리처드가 죽은 이후 불규칙적이긴 했지만, 시를 감상했다. 우울증에 시달릴 때는 불가능했던 위안이다. 우울 상태에서는 시를 읽을 수 있을 정도로 집중하지 못했다. 그때는 의미가 있는 것이 거의 없었고 글이 전혀 감흥을 주지 못했다. 그리고 내 가슴을 열거나 용기를 줄 수 있는 것은 아무 것도 없었다. 너무 무감각하여 삶을 받아들일 수가 없었다. 맥박만 뛰고 있었지 죽은 것이나 다름없었다. 우울에서 벗어난 이후에만 로버트 로웰, 바이런 등 수많은 사람처럼 깊은 절망을 알거나 정신 이상을 겪은 사람들의 경험에 관심을 가질 수 있었다.

반면에 죽음으로 인한 슬픔은 상실과 고통에 대해 훌륭한 글을 남긴 사람들에게서 위안을 얻을 수 있었다. 리처드가 죽은 이후 본능적으로 테니슨의 《추모시 (영국 시인 테니슨의 대표적 장시. 케임브리지대학교 시절의 친구 핼럼이 1833년 23세의 젊은 나이로 빈에서 객사하자 이를 추모하기 위하여 17년이란 긴 세월에 걸쳐 쓴 시 모음)》를 읽었다. 열일곱 살 때 처음 자살 충동을 일으킨 우울증을 극복하면서 읽었던 시이다. 그때도 그랬고 리처드가 죽은 뒤에도 그 시가 놀라운 작품이라는 사실을 알게 되었다. 고통을 꿰뚫는 격렬한 시이자 엄청난 불확실성과 그보다 더 위대한 사랑에 관한 시였다. 슬픔의 복잡성과 잔인성을 이해하는 시이며 소중한 사람을 잃은 슬픔과 소생과 잊는 것에 관한 시이다. 《추모시》에는 테니슨의 비탄이 생생하게 드러나며 있는 그대로의 고통에서 보이는 특유의 힘이 있다.

마음의 동요가 테니슨의 애가를 이루는 기본 요소이며 그 점이 처음에 나를 그의 시에 끌리게 했다. 그는 자신의 시를 울부짖음, 폭발, 채찍질과 같은 이미지로 뒤덮었다.

떼까마귀가 '하늘에 흩날리고' '휘날리는 나뭇가지'가 하늘을 수놓는다. '비애에 사는 거친 동요'가 있다. '고요한 절망과 거친 동요가 같은 가슴 속에서 살 수 있나?' 그가 묻는다. 그 둘은 물론 함께 살 수 있으며 실제로 함께 살고 있다. 자연은 '생명에는 무관심한 것'으로, '이빨과 발톱에 낀 피'로 묘사된다. 테니슨에게 슬픔이란 신물나고 격렬한 감정이었다. "피가 스멀스멀 퍼지고 신경이 찌르고 욱신거린다 / 가슴이 아린다" 시간은 '미쳐서 흩어지는 먼지이며 / 삶은 불길을 쏟아내는 분노다.'

나는 테니슨의 시에서 위안을 얻었다. 친구를 잃은 슬픔을 극복하기 위한 힘겨운 싸움이 너무나 고통스럽게 느껴져 오히려 진실성이 묻어났기 때문이다. 테니슨은 함께 보내지 못한 밤과 계절, 지독한 상실감에 대해 썼다. 그는 슬픔을 묘사한 시구에 강렬한 아름다움까지도 불어넣었다. 그럼으로써 결코, 쉽지 않은 위안을 제공해 주었다. 매년 기일, 매년 크리스마스, 매년 새해맞이 타종에서 테니슨은 지나가고 변화하며 진화하는 염려를 발견했다.

애도에 관한 테니슨의 시에 정해진 길은 없다. 이해는 왔다가 그냥 사라지며 믿음은 들어오지만 떠난다. 죽음에 체념하는 것은 때로 불완전하다. 하지만 삶의 길을 내줄 거라면 죽음에 응해야 한다. 테니슨은 이 사실을 힘차게 울리는 종의 이미지로 분명하게 나타냈다.

울려라. 힘찬 종이여, 거친 창공에,
날아가는 구름에, 싸늘한 빛에
오늘 밤으로 이 해는 지나간다.
울려라 힘찬 종이여, 이 해를 가게 하여라.

낡은 것을 울려 보내고, 새로운 것을 울려 맞이하라.
울려라. 기쁜 종소리여, 흰 눈 저 너머.
해는 이제 저무노니, 이 해를 울려 보내라.
거짓을 울려 보내고, 진실을 울려 맞으라.

울려 보내라, 가슴에 번지는 이 슬픔을…

죽음을 슬퍼하는 가운데 죽음을 다른 방식으로 경험할 수 있게 된다. 죽음에 따르는 고통에는 지혜가 있다. 그것은 되돌릴 수 없는 고통이 아니다. 끝이 없는 고통도 아니다. 절망은 '4월의 나날과 무기한 함께 살 수 없다, / 혹은 슬픔은 여름밤 가운데 무기한 함께 살 수 없다.'

오래된《추모시》의 끝 부분에 내가 괄호로 표시해둔 시구를 발견했다. 리처드가 죽은 이후 나도 그 시구처럼 성장할지도 모른다는 믿음과 희망으로 시구를 베껴 써보았다. 테니슨은 이렇게 말했다. "애도의 시간이 피를 다시 만들고 틀을 바꾸어 주었다 / 그래서 사랑이 약해진 것이 아니라 오히려 강해졌다" :

슬픔은 죽었다. 하지만 사랑은
날아가 버린 수많은 여름날의 사랑보다 커졌다.
내 자신도 이 여름날과 함께
그전보다 더 위대한 사람으로 성장했다.

사랑은 형태가 달라져도 여전히 남아있다.《추모시》를 읽는 것은 악천후에 오를 수 없는 담 너머로 여름 화환을 던지는 것이었다. 나는 저 너머에 있는 삶을 볼 수 있었다. 담을 넘기는 힘들겠지만, 화환이 시선을 유지하고 나아갈 수 있는 지향점이 되어 주었다. 암울한 시간을 지나갈 수 있게 테니슨의 시가 힘이 되어 주었다. 그의 시가 변화를 가져다주었다.

위안을 받는 능력이 슬픔과 우울의 중요한 차이이다. 애도하는 동안 위안이 항상은 아니지만 그래도 가능하긴 하다. 개인과 사회

인으로서 우리는 슬픔에 대처할 방법을 발견한다.

우울은 슬픔보다 이해받기 어려운 감정이므로 슬픔처럼 다른 사람의 친절한 위로를 이끌어내지 못한다. 죽음 때문에 슬퍼하는 사람보다 우울증에 빠진 사람에게 훨씬 더 먼 거리를 두고 있는 것이 인간의 본성이다. 애도는 우울처럼 그렇게 인간을 고립시키지 않는다. 그 점에 차이가 있다. 슬픔은 오래되고 누구나 겪는 인간적인 감정으로서 죽은 자를 아는 사람들을 한 데 모아 그리워하게 하고 애도하는 사람들을 한데 묶어 준다. 애도하는 동안 지치고 혼란스러운 사람들에게 관용과 시간을 베풀어주는 것이 인간의 본성이다. 가까운 사람을 잃은 상실감은 누구에게나 이해받을 수 있는 감정이다.

태초의 죽음, 태초의 애도부터 우리는 조상들이 알고 있던 것을 안다. 조상들은 죽은 자를 위해 조종을 울리고, 누구는 베일을 쓰고 누구는 쓰지 않는지, 상복에 브로치는 어떻게 꽂는지 등 애도의 기본 의식을 만들었다. 우울증에 걸린 사람에 대해서는 사회에서 그렇게 친절하게 설명하거나 허용해주지 않는다. 슬픔과 우울은 항상 인간을 이루는 한 부분이었지만 우리는 그 둘을 다르게 취급한다. 애도 의식은 사람을 소외되지 않도록 지켜주지만, 우울은 본질상 사람들과 멀어지게 한다. 애도가 우울과 비슷해지기 시작하면 사람들에게서 멀어지게 되는 것이다.

나는 열일곱 살 때부터 우울증과 조증의 실체를 알았다. 리처드가 죽은 뒤에 겪었던 것은 우울증이나 조증이 아니라 죽은 자로 인한 애도였다. 리처드가 죽은 직후 비탄에 잠겨서 앞이 깜깜할 때에는 극도의 공포를 느꼈다. '정신병이 재발하면 어떻게 하지? 리처드가 없는데 어떻게 제정신을 유지하지?' 하지만 이런 두려움은 오래가지 않았다.

정말 정신병에 대한 철저한 지식이 애도를 극복하는 데 훌륭한 교사가 되었다. 절망과 망상이 무엇인지 잘 알았기에 리처드의 죽음을 이겨낼 수 있었다니 참으로 아이러니하지 않은가. 나는 병이 재발할까 하는 두려움에 전전긍긍했지만, 조울병과 싸웠던 과거의 경험이 내가 알고 있던 지식보다 많은 것을 가르쳐주었다. 나는 극단적인 감정이 무엇인지 기분이 얼마나 빨리 변할 수 있는지 아주 잘 알고 있었으며 그 고통이 삶의 한 부분이라고 생각했다. 서로 많은 신세를 지고 있는 나의 병과 기질은 모순적이고 변덕스러운 기분도 안정적이고 일관된 기분만큼이나 진실되고 의미있다는 사실을 어렸을 때부터 가르쳐주었다. 평온이 지속하리라는 기대는 하지 않았다. 혼란과 어둠이 환하고 고요한 곳 바로 옆에 존재한다는 사실을 무엇보다 잘 알고 있었다. 앞서 겪었던 고통이 미래의 고통을 보호하지 못한다는 사실을 경험으로 알고 있었다. (그래서 리처드의 죽음 앞에 속수무책이었다.)

임상적으로 오랜 조증과 우울증 병력이 가장 경계해야 할 증상을 일깨워 주었다. 잠을 너무 적게 자거나, 흥분하거나, 절망감을 느끼거나, 자살 생각을 하는 것은 대단히 위험한 것임을 잘 알았다. 나는 이 점에 지나칠 정도로 신경을 썼다. 정신병을 경험해보았기에 다른 방식으로 죽음으로 인한 슬픔에 대비할 수 있었다. 비탄에 빠져 있는 시간이 제정신을 검증할 수 있는 이성적인 기준을 주었다.

정신병의 핵에 있는 진정한 공포가 얼마나 잔인한지, 비탄을 넘어 얼마나 멀리 놓여 있는지, 그로 인해 그것에 대해 경의를 갖게했다. 이상하게도, 슬픔을 경험하고 나서 내가 제정신이 아니었을 때 얼마나 아팠는지 처음으로 알게 되었다. 혼란스러운 정신과 제정신이 아닌 정신, 죽음으로 인한 슬픔과 경동맥을 가르는 칼로 인한 슬픔 사이에 존재하는 차이점을 알게 된 것이다. 그로 인해 내 정신을 더 존중하고 좀 더 다정하게 보살필 수 있게 되었다.

인간 본연의 슬픔이 조증과 치명적인 우울증의 고통을 이해할 수 있게 해주었다. 그것은 말로 표현할 수 없는 위안을 넘어선 고통이었다. 죽음으로 인한 슬픔 속에는 온전한 정신과 정신 이상 사이에 경계를 확실하게 유지해주는 온전함이 있었다. 프로이트가 분명히 말했듯이 애도는 병적인 상태가 아니라 삶의 자연스러운 한 부분이었다. 프로이트는 이렇게 말했다. “사람은 죽음을 둘러싼 슬픔 때문에 정상적인 생활 태도에서 벗어나지만, 그것을 병적인 상태로 간주하거나 애도하는 사람에게 치료를 받으라고 하지는 않는다. 우리는 시간이 좀 지나면 슬픔이 극복될 것이라고 확신한다.” 하지만 예외도 있다. 비탄에 빠진 사람 중에 우울증 치료를 받아야 하는 사람도 있지만 대부분은 받지 않는다. 죽음을 슬퍼하는 것은 병이 아니라 필연적인 것이다.

역경이 또 다른 역경을 위한 훌륭한 준비임이 드러났다. 리처드를 잃은 절박한 상실감도 지나가리라는 사실을 경험이 가르쳐주었던 것 같다. 불안은 안정을 찾을 것이며 밤은 낮으로 향하게 될 것이라고 믿었다. 절망하고 리처드를 갈망하면서도 언젠가 예고 없이 삶에 대한 사랑이 다시 나타나리라고 믿었다. 어둠과 빛의 사이클을 수없이 겪어보았기에 자연이 자신의 리듬을 유지할 것이라고 믿었다. 리처드가 죽은 뒤 혼자 자주 이렇게 말했다. '정신병을 이겨냈으면 뭐든지 다 이길 수 있어.' 나는 온전함과 제정신의 경계에서 아슬아슬하게 살면서 단련이 되어 혹독한 낙관주의자가 되었다. 리처드는 어려움이 있어도 삶에 대한 기대치를 낮추지 말고 사랑을 헛되이 버리지 말라고 가르쳐주었다.

오래전 자살시도로 죽을 뻔한 뒤, 바이런 시 한 구절을 적어 용기를 얻기 위해 쭉 간직해 왔다. "하지만 보라, 그는 자신을 지배하고 / 자신의 고뇌를 자신의 의지에 바치게 하네." 정신병을 심하게 앓았기에 슬픔을 좀 더 쉽고 빠르게 극복하지 못했지만 대신에 슬픔이 무엇인지를 보는 눈을 가질 수 있었다. 슬픔은 병이 아니고 인간적인 감정이었다.

조지 맥케이 브라운(1921~1996, 스코틀랜드 시인, 작가, 극작가)은 이렇게 말했다. "은총은 돌을 깨고 나올지도 모른다. 어떻게 올지 누가 알겠는가." 슬픔이 그런 돌이다. 슬픔은 산 자에게 많은 것을 주며 죽은 자와 다른 관계를 찾을 수 있는 시간을 늦추어준다. 또한, 시간을 부러뜨려 무엇을 왜 슬퍼하고 있는지 인식하게 해준다.

나는 워싱턴 자연사박물관에서 미라가 된 올빼미로 채워진 유리상자 앞에 서 있던 오후를 기억한다. 그렇게 박제되어 인위적으로 가두어 놓은 생물을 보고 있으니 야생에 대한 모독처럼 느껴졌다. 하지만 그렇게 죽여서 고정해놓지 않았다면 올빼미의 날개와 발톱을 그렇게 똑똑히 볼 수도 깃털과 부리의 정교한 아름다움을 감상할 수도 없었을 것이다. 죽지 않았다면 그들을 살아있게 하는 것이 무엇인지 볼 수도 없었을 것이다. 올빼미가 날아다니거나 사냥을 하거나 부리로 쥐를 잡고 있는 모습을 보는 것이 더 좋았을 것이다. 하지만 죽은 채 꼼짝하지 않는 올빼미의 몸 구석구석을 두려움으로 살펴보며 눈 흰 올빼미와 동부 가면올빼미의 차이점을 관찰했다. 죽음도 무언가 주는 것이 있었다.

죽음에 묶인 슬픔은 가르침을 준다. 삶으로 되돌아가는 길을 찾아야 한다는 사실을 가르쳐준다. 애도는 죽음과 친밀함을 강요하며 특별한 과거를 보존하고 우리는 누구나 죽는다는 사실에 안도하게 한다. 전도서에는 누구나 죽는다고 적혀 있다. "누구나 죽는다." 이 말은 영국 대헌장(Magna Carta)의 첫 번째 정관에 적힌 말이다. 누구나 죽는다는 사실을 애도가 가르쳐준다.

"가끔씩 고통에 대한 탐색과 고통에 대한 기억은 우리 자신을 전체 인간 조건과 만나게 해주는 유일한 수단이라고 생각한다."고 그레이엄 그린이 말했다. 슬픔은 인간 조건의 심장부에 있다. 죽음과 함께 많은 것을 잃지만, 전부를 다 잃는 것은 아니다. 삶도 사랑도 쉽게 포기할 수 없는 것이다. 죽음에는 은총이 있다. 삶이 있다.

바래기 쉬운 빛깔

세넌도어 계곡에서는 봄이 하루에 30여 미터씩 산을 오른다고들 한다. 슬픔과 마찬가지로 봄도 깨닫지 못하는 사이에 찾아올 것이다. 겨울에 적응하면 겨울은 그 나름대로 만족감을 준다. 새 계절은 익숙하지 않다. 그것은 낯설며 지난 계절의 죽음으로부터 오는 계절이다.

리처드가 죽은 바로 직후에도 내 안에 삶의 보물창고가 있음을 알았다. 리처드가 죽은 날 밤 친구들과 가족과 함께 아주 많이 웃었다. 아무리 암울해도 웃음이 있는 곳에는 삶이 있다. 나는 삶이 있다는 사실을 알았다. 친구들의 얼굴에서 삶을 보았고 가족들의 따뜻함 속에서 삶을 느꼈기 때문이다. 그때 사랑하는 사람들의 친절함 속에서 삶의 가능성을 발견했다. 나중에는, 말 한마디나 접촉으로 손을 내미는 낯선 이들의 친절함 속에서도 삶의 가능성을 보았다.

리처드가 죽은 지 며칠 뒤에 영국 대사관저에서 열리는 소규모 만찬에 참석했다. 짐 왓슨이 DNA 구조의 공동 발견자로 기사작위를 수여받을 예정이었기 때문이다. 리처드와 함께 가고 싶었던 행사였지만 결국 나 혼자 가게 되었다. 그냥 집에 있고 싶었지만 짐과의 오랜 우정을 생각해서 그리고 리처드가 아팠을 때 도와준 것에 대한 고마움의 표시로 참석하기로 했다. 매사추세츠가에서 대사관 땅으로 들어설 때 갑자기 짐의 기사 수여식에 초청을 받고 리처드가 했던 말이 생각났다.

리처드가 웃으며 말했었다. "그때까지 살아 있으면 좋겠네. 무슨 수를 써서라도 왓슨이 무릎 꿇는 걸 봐야할 텐데 말이야."

그 생각을 하며 크게 웃었다. 한순간 리처드는 차 안에 나와 함께 있었다. 리처드가 있는 곳, 리처드를 생각하며 웃는 곳에는 삶이 있었다.

상쾌한 6월 밤이었다. 마당에는 장미가 흐드러지게 피어 있었다. 워싱턴의 온화한 여름 밤, 친구들과 함께 하는 시간, 숭고한 시간을 바쳐 전후의 케임브리지에 지대한 업적을 세운 두 젊은 과학자에 대한 대사의 찬사, 위대한 과학의 발견에 대한 훌륭한 축하연, 리처드가 있었으면 이 모든 것을 보고 아주 흡족해 했을 것이다. 그날 밤 행사는 그게 전부였지만 내 가슴에 다시 삶의 희망을 열어준 것이 있었다. 차를 주차해준 주차요원부터 입구에서 이름을 확인해준 사람, 그리고 "부인, 부군을 잃으셨다니 상심이 크시지요."라고 말해준 대사와 대사부인까지, 영국 대사관에 있는 사람들 모두가 그랬다. 그들이 보여준 것은 사소한 것이었지만 나에게는 아주 중요했다. 그들은 남편의 죽음에 대한 애도를 표시해주었으며 죽음으로 인해 내가 겪는 슬픔을 알아준 것이다. 여왕과 영국 정부의 기사 수여 의식이 계속되었고 과학에 관한 대화가 계속되었으며 인간적인 친절함도 계속되었다. 그 속에서 나의 삶도 계속되었다.

얼어붙었던 가슴은 서서히 풀려 삶으로 돌아갔다. 리처드가 죽은 뒤 처음 몇 달 동안 나를 압도했던 것들이 이제 때에 맞춰 돌아와 다시 기쁨을 주었다. 어느 날 밤에는 전에 고통을 주었던 음악을 고통 없이 들을 수 있는지 확인해 보고 싶었다. 그래서 오르페오를 틀어 보았다. 가슴이 미어졌지만, 그것은 삶의 가망을 주는 비탄이었다. 오르페오는 치유될 수 없을 정도 그 이상으로는 가슴을 헤집지 않았다.

매일, 매주, 삶으로 얼마나 되돌아갈 수 있는지 나 자신을 시험해 보고 싶었다. 그래서 잠이나 산책으로 급히 대피하기 전 순간까지 나를 몰아붙였다. 마침내 슈만과 베토벤의 음악에 손을 뻗게 되었을 때 아주 기쁜 마음으로 음악을 들었다. 이제는 고통이 느껴지지 않았다. 한동안 치워두었었기에 그 음악의 아름다움이 다르게 느껴졌다. 슈만과 베토벤의 음악이 내 안을 열어주었던 취약성 때문에 더 그 음악을 사랑하게 되었다.

다시 삶으로 돌아오는 것은 힘들었지만 좋은 일이었다. 이제 삶이 내 앞에 있었다. 장갑은 벗어던졌다. 세상으로부터 도망칠 수 없었다. 나의 기질과 미래에 대한 호기심이 이 사실을 확실하게 해주었다. 삶을 다시 시작해야 했다. 5월제(유럽 각지에서 5월 1일에 하는 봄 축제)의 기둥(5월제 때 꽃, 리본 등으로 장식한 기둥을 세우고 그 주위를 돌며 춤을 춘다)에 단단하게 감긴 리본은 풀려서는 안 되는 것이었다. 확실히 과거보다 미래에 더 마음이 끌렸다. 이제는 슬픔이 편안하게 느껴지지 않고 삶에 대해 조바심이 나기 시작했다. 여태까지 병과 죽음에 너무 오랜 시간을 허비했다. 더는 그러고 싶지 않았다.

리처드가 죽은 뒤 처음에 슬픔에 빠져 있을 때 피할 수 없이 밀려들었던 감정과 회상은 이제 삶과 치열하게 경쟁하고 있었다. 혈액이 조직으로 가서 상처를 아물게 하듯이 이제 그동안 걸어두었던 지겨운 베이지색 커튼을 뜯어내고 싶었다. 슬픔이 죽음을 직면하도록 강요했지만, 삶이 미래를 상상하게 했다. 리처드와 나의 삶과 죽음을 진지하게 생각한다면 죽음에서 벗어나 삶을 향해 돌아서야 했다. 내 손으로 내 수의를 만들고 싶지 않았다. 정말 시간이 약이었다.

리처드는 직접 호지킨병을 앓은 경험에 대해 호지킨병 환자들과 자주 이야기했었다. 환자들에게 용기와 실제적인 조언을 해주려는 바램에서였다. 리처드와 여러 번 이야기를 나누었던 한 여자 환자가 결국 호지킨병으로 사망하자 리처드는 그 환자 오빠에게 시간과 애도에 대해 편지를 써 보냈다. "저는 시간의 치유력에 의문을 가졌습니다. 제게는 그것이 빈틈을 메우는 것이 아니라 상처에서 벗어나거나 상처 둘레에서 성장하는 것이었습니다. 주의를 새로운 곳으로 돌리는 것이었습니다. 고통은 줄어 없어지지 않았지만, 삶의 추진력으로 희석되어 죽음에 대해 생각하는 시간과 고통이 줄어들었지요." 리처드의 말이 맞았다. 삶의 추진력은 강력한 힘이었다.

리처드가 죽은 뒤, 몇 주 몇 달간은 위안을 얻기 위해 시와 다른 문학작품을 읽었다. 이제는 삶을 되찾는 방법을 찾아야겠다는 마음에서였다. 나시 테니슨과 더글러스 던의 《애가》를 따라 적었다. 그레이엄 그린의 《사랑의 종말》과 루이스 그래식 기번(1901~1935, 스코틀랜드 작가)의 《석양의 노래》를 다시 읽었다. 역경을 극복함에 있어서 의지의 역할을 생각하고 터무니없이 안락한 나의 물리적인 삶을 스스로 확인하고자 여백에 메모가 빼곡하게 적힌 낡은 윌리엄 브래드포드(1590~1657, 매사추세츠 주 플리머스 카운티의 영국인 이주자 리더였으며 존 카버가 사망한 이후 주지사로 30회 당선된 인물)의 《플리머스 식민지에 관하여》를 다시 꺼내보았다. 또 에드워드 토머스, 루이스 맥니스, 토머스 하디의 작품 중 상당 부분을 베껴 썼다. 그리고 로버트 프로스트의 《주저함》 중 마지막 구절을 써서 거울에다 붙여두었다.

"마음은 아직도 힘들게 찾고 있건만, 발은 '어디로 가야 하느냐?' 묻고 있네."

아, 사물의 변화에 순응하거나
이성 앞에 점잖게 굴복하거나
사랑이나 계절의 종말을 몸 굽혀 받아들이는 일이
인간의 마음에 반역이 아니었던 적이 있었던가?

나는 사랑의 종말에 몸을 굽힐 수밖에 없었다. 하지만 흘러가는 대로 따라가는 것은 반역이었다. 나 이외에는 아무도 그 흐름을 거스를 사람이 없었다. 그냥 해봐. 나 자신에게 말했다. 그냥 해봐. 돌이켜 보는 일에는 위안이 있었지만, 하지만 집 밖으로 나가는 것이 시작이었다. "그림자는 성장을 죽인다." 벤 존슨(1572~1637, 영국 극작가 · 시인 · 평론가)이 말하지 않았던가. 리처드의 죽음이 드리운 그림자는 길었다.

리처드에 대한 기억은 재구성되면서 계속 머릿속에 맴돌았다. 어떨 때는 괴로웠지만, 또 어떨 때는 달콤한 기쁨의 순간을 더해주었다. 리처드에 대한 꿈도 바뀌었다. 예전에는 리처드가 나타났다가 그냥 떠나는 꿈을 꾸고 나서 상실감에 빠지곤 했는데 이제 좀 더 부드러운 꿈을 꾸게 되었다. 기억나는 꿈 중에 이런 꿈이 있었다. 초원에서 어떤 남자가 염소가스에 질식해서 숨을 헐떡거리는 것을 보고는 내가 이렇게 말했다. "제 남편이 의사거든요. 금방 올 거니까 좀만 기다리세요."

그러고는 가슴이 철렁 내려앉았던 것 같다. '리처드는 못 와. 죽었잖아.' 오랜 공포가 엄습했다. 하지만 리처드가 나타나 미소를 지었다. 리처드의 온기가 나에게 전해지는 것을 느꼈다. 다시 삶이 제대로 돌아갔다. 꿈에서 리처드가 떠나지 않은 것은 처음이었다. 그 사실 때문에 나는 편안하게 잠에서 깨어났다.

하루는 열광에 관한 책 작업을 하다가 케냐에서 코끼리를 연구하는 생물학자 조이스 풀에 관한 인터뷰와 메모가 들어 있는 연구 폴더를 열었다. 거기에 리처드가 조이스 풀에게 보낸 이메일이 끼워져 있는 것을 발견했다. 이메일은 이런 내용이었다. "오늘 케이는 여기에 없지만 선생님의 답장을 애타게 기다리고 있습니다. 참을성이 없는 것은 열광적인 사람들 사이에서 흔히 볼 수 있는 특징이죠. 케이도 그렇답니다. 나중에 케이에게 선생님의 답장을 읽어줄 겁니다. 이것이 케이가 기다리고 있는 것이라 생각됩니다." 그리고 리처드는 묻지도 않았는데 열광과 창의성에 관해 직접 관찰한 내용을 계속 이야기했다. 딱 리처드다웠다. 리처드는 다른 사람의 생각 덤불에 부드럽게 낙하해서 편안함을 느끼는 것 같았다.

마크 트웨인은 아내가 죽은 뒤 친구에게 이런 말을 했다. 아내에 대한 기억이 간혹 꾸밈처럼 떠오르고 '얼마 되지 않는 오래전의 다정한 기억들이 별처럼 침묵 속으로 쏟아진다.' 리처드는 계속 나의 길에 별을 쏟고 있었다. (별. 얼마 전에 천문학자가 한 시간에 약 161만 킬로미터의 속도로 은하를 지나가는 고대의 성류를 발견했다는 글을 읽었다. 나는 리처드와 그 이미지를 공유하고 싶다. 별을 생각할 때면 항상 리처드를 생각하게 될까? 다른 남자를 생각하는 것이 가능하기나 할까?)

나는 특별히 좋아했던 리처드에 관한 기억을 항상 간직했다. 어떤 기억은 떠나기를 거부했고 어떤 기억은 함께하기를 원했다. 그 기억들이 리처드이자 우리였기에 기분이 우울하거나 그냥 리처드가 보고 싶을 때 떠올리면 기분이 좋아졌다. 로스앤젤레스에서 있었던 다이어 울프의 두개골과 사시나무와 무지개 송어에 관한 기억, 로마의 욕조에 떠있던 장미와 라일락 광경, 트레비 분수에 담갔던 금반지가 그런 기억이었다. 다른 기억들도 떠올렸지만 변했다. 캘리포니아에서 리처드가 나를 위해 디자인해주었던 월장석과 남옥 팔찌를 보니 가슴이 찢어졌다. 그래서 보석상에 가지고 가서 목걸이로 바꾸었다. 같은 요소를 다른 형태으로 바꾼 것이다.

〈뉴욕타임스〉의 한 기자가 어디를 가든 항상 갈색 병을 가지고 다니는 작은 문어에 대해 쓴 기사를 보았다. "크기도 크고 안에 돛이 여러 개 달린 범선이 들어 있는 훨씬 멋진 병을 주자 문어는 그 선물을 살펴본다. 잠시 생각하는가 싶더니 자기가 아끼는 갈색 병을 집어 들고 가던 길을 간다." 나는 이 작은 문어를 백 퍼센트 이해했다. 나도 돛이 여러 개 달린 새 범선이 아니라 내가 갖고 있었던 것, 내가 아끼던 것을 원했다.

지독한 그리움의 시간이 계속되었다. 하루는 〈일반 정신의학 잡지〉를 펼쳤는데 리처드가 정신분열병에 관한 논문 저자로 등재된 것을 보니 가슴이 뛰었다. '이걸 리처드한테 보여줘야 하는데.' 하는 생각이 들었다. 논문에 리처드의 이름이 있다면 리처드는 아직도 살아 있는 것이다. 그러고 나서 리처드의 이름 옆에 어깨 글이 있는 것을 보고 제일 아래쪽 각주를 따라가 보았더니 '작고함' 이라고 적혀 있었다. 물론 리처드는 죽었다. 그날 밤 리튬을 깜박하고 먹지 않은 것이 생각나 자다가 깼다. '리처드가 있었으면 리튬을 먹었는지 물어봤겠지.' 하고 생각했다. '리처드는 죽었잖아.' 나는 신경질적으로 혼잣말을 했다. '이제 됐어. 그만 좀 해.'

시간이 지나면서 리처드에 관한 기억에서 고통보다는 위안을 더 많이 얻게 되었다. 리처드를 생각할 때면 가슴을 찌르는 듯한 고통은 줄어들고 기분이 좋아지는 경우가 더 많아졌다. 죽음으로 인한 슬픔에는 시한이 있음을 이해하기 시작했다. 슬픔은 끝날 것이다. 그리고 나는 살아있다. 리처드를 사랑하지만 삶도 사랑한다. 슬픔에 빠지는 특권을 누리는 것은 이제 거의 끝나가고 있었다.

윌리엄 브래드포드가 이런 글을 남겼다. "아주 힘든 낮과 밤이었지만 신은 또 그들에게 편안하고 상쾌한 아침을 주었다." 삶은 슬픔의 반대편에 있었다. 힘겨운 밤의 저편에 있는 아침처럼 말이다.

슬픔은 우리 삶의 풍경을 바꾸고 행복이 자리 잡게 했다. 우리가 함께했던 것은 모두 뒤죽박죽이 되었다. 계시를 받은 용이 꼬리로 하늘을 휩쓸어 별을 지구에 내던지고 하늘을 다시 정리했다. 중요한 사실은 내가 알던 것과 다른 순서로 배치되었다는 점이다. 리처드는 나를 위해 고요한 장소를 만들어주었다. 우리는 이전에 내가 알던 질주하는 세계에서보다 완만한 속도로 생활했다. 리처드는 변덕스러운 우주에서 늘 한결같았다. 어떤 면에서 죽음이 리처드를 그대로 유지해주었다. 변해야 하는 것은 나 자신과 우리의 관계였다. 나는 리처드를 잃고 싶지 않았다. 하지만 우리의 관계가 앞으로 삶의 가능성에 열려 있지 않다면 리처드를 보내야 했다.

나는 할 일 목록을 만들었다. 스쿼시 다시 하기, 《오만과 편견》 완독 재시도하기, 그리고 매화꽃, 얼룩주머니 고양이, 안경곰 등 좋아하지만 아마추어 정도밖에 모르는 자연에 대해 더 구체적으로 공부하기. 더 알고 싶은 자연현상이 많았지만 우선 이 정도부터 시작하기로 했다. 또 신경학을 좀 더 체계적으로 공부하고 상트 페테르부르크와 오크니 제도에 가볼 것이다. 케냐의 암보셀리 국립공원에서 코끼리를 관찰하기 위한 여행을 떠날 수 있는지도 볼 것이다. 다시 미국 국립미술관에서 매주 점심을 먹고 국립동물원까지 걸어갈 것이다. 목록을 보니 할 수 있을 것 같았다. 할 일 목록을 작성한 뒤, 거울에 있는 프로스트의 시 구절 옆에다 붙였다.

리처드를 더 알아가기 시작했다. 신경외과 의사인 하비 쿠싱은 한 사람이 자신의 일에서 성취한 업적은 죽지 않는다고 했다. 나는 그 말을 믿었다. 그래서 리처드의 과학 연구물을 더 깊이 이해하기 위해 리처드가 쓴 과학 논문을 낱낱이 다 읽기로 했다. 바보 같은 짓인지도 몰랐다. 리처드가 쓴 논문은 800편이 넘었으며 그중 상당수는 고도로 전문적인 내용이었다. 가능한 한 많은 논문을 읽었다. 리처드의 지적 흥미의 범위를 안다고 생각했지만 아니었다. 과학에 몸담았던 동안 리처드의 두뇌가 흥미를 보였던 영역들을 따라가다 보니 나는 어느새 리처드와 더 가까워진 느낌이었다.

또 다른 방식으로 리처드에 대해 알아갔다. 리처드는 오디오 북을 듣는 것과 내가 책을 읽어주는 것을 좋아했다. 나에게 책 읽기는 자연스러운 일이었지만 리처드의 방식대로 책을 보는 맛은 알지 못했다. 리처드가 오디오 북을 들었던 것처럼 나도 책을 들어보려고 했다. 리처드가 죽고 3년 뒤 크리스마스 때 리처드 산소에 이작 디네센(1885~1962, 덴마크 출신 여류 작가. 본명은 카렌 블릭센)의 《아웃 오브 아프리카》를 들고 갔다. 리처드는 디네센 책을 오디오로 듣는 것을 좋아했다. 나한테도 들어보라고 했지만 나는 시간이 없다는 핑계로 한 번도 들어보지 않았다. 이제 나는 리처드의 묘 옆에 있는 벤치에 앉아 소리를 내어 읽기 시작했다. "나는 아프리카 공힐 기슭에 농장을 가지고 있었다." 그러고는 디네센이 써 놓은 언어의 아름다움과 운율에 사로잡혀 그만두어야 할 때까지 계속 읽었다.

디네센의 글은 아프리카에 대한 것이었지만 둘러보니 지금 내가 있는 곳의 이야기 같았다. "아침에 일어나서 생각했다. 내가 있어야 할 곳, 이곳에 내가 있구나." 크리스마스 아침에 리처드의 묘에서 책을 읽으면서 생각했다. '나는 내가 있어야 할 곳에 있다. 이 도시는 나의 고향이다. 워싱턴은 어린 시절과 청소년기의 중요한 시기를 보낸 도시이다. 또 리처드와 내가 만나서 사랑에 빠지고 함께 살고 함께 일한 도시이다. 워싱턴은 리처드가 누워있는 곳이며 우리가 함께 누워 있을 곳이기도 하다. 세상이 끝나는 날 또는 교구의 법령이 이장을 명령하는 날까지는 말이다.

하지만 아직은 함께 누워 있을 시기는 아니다.

그 크리스마스 아침에 나는 삶과 죽음 사이에 붙잡혀 있었다. 하지만 내 자신이 삶 쪽으로 기우는 것을 아무 것도 막을 수 없었다. 나는 리처드와 미래를 두고 한 가지 맹세했다. 더글러스 던의 시 중에 이런 구절이 있다. "오늘 밤 나는 물 아래 갇힌 별을 보았네, 우리는 사랑으로 간단한 서약을 했지. / 한 사람이 사과를 내밀 때 한 사람은 잡고 있네 / 죽은 자들이 나를 기억하는 묘지의 땅을."

나는 개인적으로나 공개적으로 사랑의 서약을 실천했다. 리처드의 묘에 수양벚나무 한 그루를 심고 가지가 풍성하게 뻗어 운치 있게 자라는 모습을 지켜보았다. 그리고 10년간 작업한 뜨개질 벽걸이 융단을 드디어 완성했다. 짙은 남색 바탕에 있는 모스 로즈 화환이었다. 런던에서 뜨기 시작하여 결혼식 날 밤에 리처드에게 주었던 것이다. 그날 밤 우리는 나란히 누워서 폴 로븐슨이 17세기 벤존슨이 쓴 가사를 노래하는 것을 들었다. 그 뜨개질한 장미 화환은 리처드에게 주는 나의 결혼선물이었다.

최근에 그대에게 장미 꽃다발을 보냈소,
그대를 영광스럽게 하기보다
거기는 장미가 시들지 않을 것이라는

바램에서 보낸 거요.
그러나 그대는 냄새만 맡아보고서
내게 꽃다발을 돌려보냈소.
그 후 그것이 자라서 향기가 났소, 맹세코,
장미 향기가 아니라 그대의 향기가.

이 시는 사랑의 초월적인 본질과 소생에 관한 시 마지막 구절이다. 내가 리처드한테 느끼는 감정을 고스란히 나타내주는 시였다. 결혼식 날 밤까지 나는 그 벽걸이 융단을 거의 다 만들었지만 완성하지는 못했다. 늘 그랬듯이 완성보다 열정이 앞섰던 것이다. 10년이 지난 후 리처드에게 보여주기에는 너무 늦어버린 때에 다시 뜨개질을 시작했다. 시간에 무감각하여 그 화환을 완성하지 못했던 것에 분통이 터졌다. 리처드는 신경 쓰지 않았겠지만 나는 그랬다. 하지 않은 수많은 것이 후회되었다.

가장 최근에는 리처드를 추모하는 뜻에서 사진 모음을 존스 홉킨스 병원에 기증했다. 그 사진 모음은 리처드가 수련의 시절을 보낸 하버드의 매사추세츠 정신보건센터에 입원한 환자들에게 예술가 안나 슐라이트가 바친 꽃 사진들이다. 슐라이트는 정신병원에 근무하는 사람이라면 너무나 잘 아는 사실을 발견했다. 정신병동에 있는 환자들은 내과나 외과 환자들과는 달리 방문객에게서 꽃을 거의 받지 못한다는 사실을 알아낸 것이다. 이 사실에 영감을 받아 슐라이트는 '꽃'이라는 놀라운 설치물을 만들었다. 화분 2만 8천 개로 병원을 채우고 4층 건물에 층마다 색깔별로 꽃을 배열했다. 그리고 약 455m^{2}에 달하는 지하 전체에 생잔디를 깔았다. 슐라이트는 화분 2천 개에 제비꽃, 파란 팬지, 양치식물, 헤더를 심어 복도, 사무실, 병실에 놓았다. 오렌지 튤립 만 5천 송이가 보스턴으로 운송되어 색깔을 더해주었다. 병원과 그곳에서 살거나 치료를 받는 사람들에 대한 경의를 표시하기 위해서였다. 그 튤립 중 수백 송이는 나중에 아무런 표식이 없는 국립정신병원 환자의 무덤에 옮겨 심어졌다.

리처드는 정신약리학을 공부하기 시작할 때 매사추세츠 정신보건센터에서 수련을 받았다. 거기서 그는 정신분석 훈련을 받은 상사들과 자주 격론을 벌였다. 리처드는 정신분열병이나 조증과 같은 정신병 환자에게 약을 사용하는 것의 정당성을 말로 설명하기가 어렵다고 느꼈다. 그러던 때에 '꽃' 이라는 작품을 경험하면서 깊은 인상을 받아 정신의학의 통념에 대해 의문을 가지고 중증 정신병 환자에 대한 새로운 치료법을 찾는 데 더욱 굳건한 입장을 취하게 되었다.

리처드는 존스 홉킨스의 의학과 임상 전통을 존경했으며 그곳에서 많은 신세를 지기도 했다. 그렇기 때문에 그 사진 모음을 존스 홉킨스에 기증하면 균형이 맞을 것 같았다. 그리고 어쩌면 그 사진들이 많은 동료들과 마찬가지로 정신병 환자들의 고통을 덜어주기 위해 할 수 있는 일을 다 했던 한 의사이자 과학자인 리처드의 삶을 상기시켜줄지도 모른다는 생각이 들었다.

조지 맥케이 브라운은 사물의 보존에 대해 이야기했다. 그는 '물보라나 클로버 향기나 젖은 돌의 빛나는 별처럼 아무리 연약한 것이라도 한번 존재한 것은 결코 죽지 않는다는 뿌리 깊은 믿음을 가지고 있다'고 했다. 말과 생각과 행동은 보존된다. 자신이 선택하는 것과는 다르게 보존되지만 그래도 보존된다.

적어도 내가 앞으로 나아가려면 리처드가 없는 삶을 상상해야 함을 슬픔이 나에게 가르쳐주었다. 리처드를 위해 지켜둔 공간 때문에 계속 이렇다할 미래를 얼려둘 수는 없는 노릇이었다. 리처드와 우리의 관계를 재구성하는 것은 내 자신을 재구성하는 것을 의미했다. 나는 이 일을 해낼 비법은 없었지만 일상생활에서 얻은 경험과 상상력이 나에게는 있었다. 나는 조증이나 치명적인 절망과 씨름하는 환자들에게 이런 말을 자주 한다. 우리는 모두 외딴 섬이다. 오랫동안 잘 살기 위해서 필요한 것을 자신의 섬으로 가지고 오는 것은 당신의 일이다. 사랑, 아름다움, 오락, 친구들, 생명을 유지해주는 일, 의미 있는 삶 등. 마우이 섬을 보라. 인간, 곤충, 새, 바람이 모든 것을 가져다주었다. 그것이 당신의 삶이다. 삶은 짧다. 당신의 섬에 관심을 가져라. 잡초가 자라게 내버려두지 마라. 다른 사람에게 넘기지 마라. 가능성을 이해하고 위험을 알아라. 인색함과 불친절을 멀리하라.

장소를 발명하는 것은 항상 나의 특기였다. 어린 시절 나는 들끓는 열정을 누르고 꿈을 안전한 곳에 유지하고 정돈하기 위해 나의 주변 세계를 구축했다. 아주 어렸을 때는 주머니 없이 태어난 엄마 캥거루의 이야기가 담긴 《주머니 없는 캥거루 케이티》를 좋아했다. 한 건설 노동자가 케이티에게 자신의 아기뿐만 아니라 다른 동물의 아기도 옮길 수 있도록 목수의 앞치마를 주었을 때 케이티의 삶은 모든 면에서 달라졌다. 나의 생각과 계획을 담을 수 있는 다양한 형태와 크기의 여러 개 주머니를 가진다는 생각에 매력을 느꼈다. 마음의 눈으로 그 주머니 안에 노트와 색연필, 만화경과 확대경, 책과 유리병, 급속히 퍼지고 있는 애완용 생쥐 가족을 채워 넣었다.

3학년 때에 마음속으로 그 목수의 앞치마를 구했다. 방이 많은 거북 껍데기 안에 내 마음을 위한 삶을 상상했다. 문고리에 구름을 걸고 골방은 별 상자로 가득 채웠다. 현미경, 책, 실험을 위한 공간을 따로 마련했고 도마뱀과 생쥐에게는 흙방을 내주었다. 가운데에는 꾀꼬리, 앵무새, 수리부엉이를 위해 열린 새장을 만들어주었다. 가끔 수업 시간에 내 껍데기 속으로 들어가서 문고리에 걸린 구름을 내리고 불어서 날려 보냈다. 가끔은 상자에서 별을 꺼내서 그림을 그리고 빙글빙글 돌리거나 손으로 살며시 흔들어주었다. 또 어떨 때는 생쥐에게 작은 여자 카우보이 의상을 입히기도 했다.

거북이는 있을 수 없는 허구였지만 그래도 나에게 위안을 주었다. 나는 천성적으로 외향적이고 행동이 빠르고 말하기를 좋아했다. 그런 나를 거북이로 설정하는 것은 어울리지 않는 듯했다. 하지만 나의 껍데기 안을 돌아다니니 따분한 수업을 피해 난장판으로부터 질서를 만들고 심하게 흩어진 생각과 공상들을 정리할 수 있었다. 상상력은 나에게 좋은 친구였다.

나중에는 광기와 절망과 싸울 수 있도록 마음의 은신처를 만들었다. 경험을 정리하고 나의 길을 진정시키는 것은 평생 계속한 투쟁의 일부였다. 이 부분에서 리처드는 나에게 참 좋은 사람이었다. 리처드는 내 마음이 사방으로 질주하지 않도록 잡아주었다. 차분한 태도로 마음을 감싸주고 마음 속의 폭포를 강둑 안에 유지시켜주었다. 리처드가 살아있을 때에는 상상을 덜 했다. 왜냐하면, 상상의 섬을 만들고 의미를 부여할 필요가 없었으니까. 하지만 리처드가 죽자 슬픔을 견딜 수 있게 해줄 그런 상상을 다시 시작했다. 미래도 다른 것과 마찬가지로 상상할 수 있는 것이었다.

열광에 대해 쓰고 있었던 책을 계속해서 쓰기로 결심한 것이 앞으로의 삶에 도움이 되었다. 리처드가 살아있을 때에는 그 책이 나에게 목적을 주었고 우리의 마음을 사로잡았었다. 나는 연구하고 있는 열정적인 삶의 주인공들을 좋아했고 리처드는 매일 아침 내가 쓴 글을 자신에게 읽어주는 것을 좋아했다. 그것은 둘이 함께 누리던 즐거움이었다. 그렇기에 리처드가 죽은 뒤에 열광에 대해 책을 쓴다는 생각은 나에게 말도 안 되는 일 같았다. 열광이라는 주제가 이상하고 지루하며 부적절하게 느껴졌다. 그전에 왜 그 주제가 중요하다고 생각했는지 이해도 되지 않았다. 나는 천성적으로 열광적인 성격이었지만 리처드가 죽은 뒤에는 열광적인 삶을 살기가 어려울 것 같고 더구나 열광을 주제로 글을 쓰는 것은 더 어려울 것 같았다. 나는 죽음을 잊게 해줄 약이라도 만들 듯 머릿속으로 리처드의 아침과 밤에 관한 이야기를 만들고 있었다. 하지만 아무 소용이 없었다. 리처드는 죽었다. 그것은 나의 또 다른 부질없는 열광 같았다.

슬픔이 누그러지고 다시 삶에 적응해가자 열광에 대해 글을 쓰는 것이 좀 더 이해 되었고 정말 훌륭한 일이라고 생각되었다. 리처드가 죽기 전의 사랑과 열광에 대해 그리고 왜 사랑과 열광이 인류라는 종으로서 우리에게 없어서는 안 되는 것인지에 대해 글을 썼다.

이제 책을 어떻게 끝내야 할지 알았다. 마침내 리처드가 나에게 준 것을 발견했기 때문이다. 나는 이것을 확신했다. 이성이 아니라 믿음에 근거한 확신이었다.

마지막 장은 미국 개척자들의 발견과 부단한 낙관주의에 초점을 맞출 계획이었다. 그러나 마지막 장은 인간 본성의 상상력과 회복력에 관한 글이 되었다. '이 장은 리처드를 위한 장이 될 거야.' 나는 생각했다. 이것은 리처드가 나에게 돌려준 것이자 내가 리처드에게 줄 것이다. 이 장에 있는 글은 모두 리처드를 위한 것임을 알게 되었다. 그러자 그때부터는 별 어려움 없이 책을 완성할 수 있었다.

마지막 장에는 희망과 의지와 미래를 상상하는 능력만 가지고 1620년 메이플라워호에 올라 항해했던 사람들의 투지에 대한 글을 썼다. 그들은 의지와 상상력을 동원하여 높은 바다와 굶주림과 질병에 대항했고 이겨냈다. 윌라 캐더(1873~1947, 미국 소설가)의 《오 개척자여!》에 대해서도 썼다. 윌라 캐더는 개척자 정신에 대해서 '지금의 자신보다 더 많은 것에 대해 생각하는 것을 즐길 줄 알아야 한다' 고 했다. 또 미국 전역을 널리 돌아다니며 개척 정신으로 살아간 조니 애플시드(1774~1845, 각지에 사과 씨를 뿌리고 다녔다는 미국 개척시대의 전설적 인물, 본명은 존 채프먼에 대한 배첼 린지(1879~1931, 미국 시인)의 글을 묘사했다. "등에 맨 그 짐 속에, / 그 신비한 자루 속에.… / 미세한 날개로 뒤덮인 / 씨와 나무의 영혼, 소중한 것들이 있네." 또, 올레 뢸보그(1876~1931, 미국 소설가)가 쓴 다코타 평원에 관한 위대한 대하소설에 대해서도 썼다. 소설에 등장하는 개척자 퍼

했서는 '한여름처럼 살고' 또한 '하늘이 내린 부지런함'이 몸에 밴 사람으로 미래의 기적을 향해 팔을 뻗어 나아가는 상상을 초월한 사람이었다. 뢸보그는 개척자란 불가능한 일에 자신을 무작정 집어던지고 믿기 어려운 일을 성취해내는 사람이라고 했다.

휘트먼(1819~1892, 미국 시인)과 린드버그(1902~1974, 1927년 처음으로 대서양을 무착륙 비행한 미국 비행가)와 그 외에 미지의 영역을 개척한 사람들의 드넓은 방랑 정신에 대해서도 썼다. 마지막으로 내 가슴의 가장 중요한 부분인 죽음으로부터 오는 삶에 대해 썼다. 죽음이 지배하고 나무 한 그루 남아있지 않던 솜(제1차 세계대전 중 프랑스 솜에서 영국, 프랑스 연합군과 독일군이 2회에 걸쳐 격전을 벌임) 전쟁터에 흐드러지게 핀 꽃에 대해, 2차 세계대전 동안 독일군이 런던에 폭격을 퍼부은 뒤에도 존재하는 아름다움과 삶에 대한 피터 애크로이드의 글에 대해서도 썼다. 거리에는 금불초와 골짜기의 백합과 하얀색 연한 자주색 라일락이 만발했다는 글이었다. 그렇듯 황폐한 가운데에도 삶은 있었다.

나는 글쓰기를 통해 죽음이 아닌 삶으로 되돌아가는 길을 발견했다. 리처드가 말했던 것처럼 결국 그것은 생각했던 것보다 쉬웠다. 나는 리처드를 위해 그리고 리처드에 대해 글을 썼다. 발견에 대한 리처드의 열정, 그가 새로운 생각과 새로운 장소에서 얻었던 마음의 기쁨에 대해 썼다. 조증과 우울증을 겪은 나에게 리처드가 되돌려준 삶에 대해, 사랑과 사랑이 어떻게 고유의 방식으로 고유의 시간에 돌아오는지에 대해 썼다. 기쁨의 신비로움과 사랑의 기쁨에 대해 썼다. 리처드는 죽었지만 사랑과 생각은 죽지 않았다.

리처드는 그것을 충분히 가르쳐주었으며 함께 사는 동안 우리는 본능적으로 어딘가 저 너머를 향해 갔다. 항상 어딘가 저 너머를 바라보았다.

공상이 순간적인 것임을 알면서도 마음은 상상을 한다. 2년 전에 세인트 앤드루스 대학에서의 연례 강의 때문에 스코틀랜드에 머물 때, 내 방에서 창문을 열어 눈 덮인 올드 코스와 마을을 보았다. 북해는 눈으로 하얗게 덮여 있어서 상상으로 북해가 거기에 있음을 짐작할 수 있을 뿐이었다. 어디를 보나 숨이 막힐 듯 아름다웠다. 친구와 함께 예배당에 갔다. 예배가 끝났을 때 돌로 만든 눈을 달고 대학 스카프를 목에 두른 커다란 눈사람이 대학 안뜰에 서 있었다. 티타임 동안에 목에 다양한 장식품을 착용한 다양한 크기의 눈사람이 올드 코스와 대학 캠퍼스와 마을 정원에 생겨났다. 학생들과 마을 사람들이 여러 곳에다 일시성과 상상력을 가지고 시간에 도전하는 눈사람을 만든 것이다.

다음날 아침, 눈 위로 풀이 삐져나왔지만 올드 코스에는 아직도 눈사람 셋이 서 있었다. 한 시간 안에 지상 정비원이 눈사람을 난도질할 것이고 전날의 마법도 사라질 것이었다. 하지만 그것은 중요하지 않았다. 눈사람을 만든 사람은 만드는 것 자체를 즐겼으며 자신들이 만든 눈사람이 얼마 가지 못하리라는 것을 잘 알고 있었다. 눈사람의 생명은 짧았다. 눈사람의 운명은 곧 녹아내리겠지만 하루살이라는 엄연한 사실이 눈사람의 존재를 빛나게 해주었다. 스코틀랜드의 시인 윌리엄 수터는 이런 글을 남겼다. "주는 손은 받고 있는 것이다. 그리고 받는 손은 베푸는 것이다. / 큰 나뭇가지는 항상 부러지고 있다. / 과일이나 눈의 무게 때문에."

사랑을 지키고 유지하고 싶은 것은 우리의 본성이다. 사랑을 지킬 수 있는 우리의 능력에 한계가 있음을 알게 되는 것은 슬픔이 베푸는 축복이다. 사랑을 지키기 위해서 사랑을 붙잡고 변형시키는 방법을 찾아야 했다. 내가 아는 유일한 방법은 책, 리처드에 관한 이 책을 쓰는 것이었다. 이 책은 사랑과 사랑이 가져다준 것, 죽음과 죽음이 앗아간 것에 관한 책이 될 것이다. 사랑은 계속되며 슬픔이 가르침을 준다는 내용이 될 것이다.

나는 빅서로 돌아와서 바위와 바다가 내려다보이는 방의 창가 자리 쿠션에 기대앉았다. 그리고 몇 년 전에 리처드가 《조울병, 나는 이렇게 극복했다》를 쓰라고 준 만년필을 집어 들었다. 펜을 주면서 리처드는 마음에서 우러나오는 대로 글을 쓰라고 했고 나는 그렇게 했다. 다시 마음에서 우러나오는 대로 글을 쓰겠지만, 이번에는 혼자서 써야 한다.

나는 리처드를 알기 오래전부터 알고 지내던 빅서의 바위를 내려다보며 오래도록 앉아있었다. 그러고는 글을 쓰기 시작했다. 사랑과 희망의 영속성에 관한, 20년 가까이 함께 지낸 남자 그리고 남편이자 동료이자 친구인 남자에 관한 글이다. 사랑의 용감함과 은총과 사랑의 힘에 대해 마음을 모아 글을 썼다. 빅서의 해변을 걸을 때면 그곳에 리처드가 나와 함께 있었다. 나와 함께 하며 내 마음을 평온하게 해주었다. 리처드는 빅서에 함께 있었으며 내가 빅서를 떠날 때도 함께 떠날 것이다. 우리가 기대했던 여행은 아니었지만 어쨌든 우리는 그렇게 여행을 했다. 우리는 둘 다 어디인가 저 너머를 바라보는 편이었다.

감사의 글

나는 나에게 친절을 베풀어 주신 분들에게 많은 신세를 졌다. 가족과 친구들 그 중에서도 특히 '눈송이 클럽'의 친구들에게 많은 신세를 졌다. 제레미 왈레츠키, 로버트와 메리 제인 갈로, 제프리와 캐슬린 쉴럼, 사일러스 존스, 우리 오빠 딘 재미슨이 그들이다. 그들은 리처드 생전에 리처드에게 했던 것처럼 나에게도 더할 나위 없이 친절했다. 그들이 나에게도 해준 모든 것에 감사하려 했지만 말로 표현할 수가 없었다. 대신 바이런이 친구 존 홉하우스에게 바친 시를 빌려 표현하고자 한다. "그대를 위하여! 오랫동안 알아왔고 먼 곳까지 함께 했던 그대, 아플 때 보살펴주고 슬플 때 다정했으며 잘 될 때는 기뻐해주고 역경에서도 변함없었던 그대, 진심어린 조언을 해주고 힘들 때 믿을 수 있었던 그대. 자주 시험해 봤지만 한 번도 부족함을 느낄 수 없었던 친구를 위하여!" 리처드와 마찬가지로 나도 한 번도 부족함을 느끼지 못하게 해주는 이 친구들이 있어서 축복받은 사람이다. 또한, 이 책의 시작을 구체화해 주고 책을 쓰는 내내 나를 지지해준 토머스 오코너에게도 큰 빚을

지고 있다고 전하고 싶다.

존스 홉킨스 병원의 정신과 동료인 레이몬드 드 파울로 박사와 아담 카플란 박사의 우정과 지지에 그리고 존스 홉킨스의 외과의사 야첵 모스트윈 박사(의학박사, 철학박사)에게 내가 정말 사랑하는 의학, 문학, 삶에 대해 논의해준 것에 대해 특별히 감사를 표한다.

우정을 보내주고 이 책의 초기 버전을 읽고 유용한 제안을 해준 사람들에게도 감사하고 싶다. 조앤 알트호프, 로버트 바넷, 사무엘 배런디스, 래리 블러섬, 키스와 브렌다 브로디 부부, 제임스 캄펀과 필리스 이완, 로버트와 앨리스 크로포드 부부, 자클린 데이비스, 더글러스 던, 로버트 앤 케이 파게, 크리스티나와 안토넬로 파나 부부, 스티븐 프라이드와 다이앤 에어스, 찰스와 페기 고스넬 부부, 도널드 그레이엄, 윌리엄 그레이엄, 아라 구젤리미안, 존 하퍼, 찰스 앤 그웬다 하이만, 스튜어트 켄워시, 헬런 킨들, 아타나시오스 쿠코풀러스, 웬디 렛서, 하이디 재미슨, 마셜 린다, 다니카, 켈다 재미슨, 월터 존슨, 필립 말렛, 안드레아스 마네로스, 폴 맥휴, 크리스토퍼 미드, 샐리 밍크, 알랭 모로, 존 쥴리어스 노르비치, 클라크와 웬디 올러 부부, 로버트와 일레인 팩우드 부부, 레지나 팰리와 제임스 코브, 제임스 포타쉬, 해리엇 포틱, 데이비드와 조안 레이스 부부, 노먼 로젠탈, 제릴린 로스와 로날드 코헌, 바바라 슈바이처, 사브리나 세란티노, 리처드와 질 사이드먼 부부, 카렌 슈바르츠, 베티와 칼로스 트라몬타나 부부, 펴 베스터가드, 짐 앤 리즈 왓슨, 피터 와이브로, 킨 빙 우가 그들이다. 조안 레슬리는 나에게 언니 같은 존재이며 리처드와도 가까운 사이였다. 그녀가 리처드의 매장 의식에 참여해준 것은 우리 가족에게 특별히 의미 있는 일이었다.

리처드는 워싱턴의 내과 전문의들로부터 훌륭한 의료 서비스를 받았다. 데이비드 패터슨 박사와 브라이언 알링, 존스 홉킨스의 심장 전문의 케니스 보프만 박사(현 하버드 재직), 존스 홉킨스의 암 전문의 리처드 앰바인더 박사와 데이비드 에팅거가 그들이다. 존스 홉킨스 병원에서 리처드는 한결같이 훌륭한 의료와 간호 서비스를 받았으며 그 덕분에 힘든 상황을 덜 힘들게 보낼 수 있었다. 제임스 왓슨 박사는 친절하게 하버드의 주다 포크만 박사를 연결해주었다. 주다 포크만 박사의 시간에 대한 관대함과 임상실험 덕분에 리처드의 생명을 몇 달은 연장할 수 있었다.

윌리엄 콜린스와 아이올라인 헨터의 엄청난 도움이 없었다면 이 책은 나오지 못했을 것이다. 무엇보다도 사일러스 존스의 도움과 우정이 없었다면 이 책을 쓰거나 제대로 살아가지 못했을 것이다. 달리오 가족 재단과 다나 재단 그리고 존 D.와 캐서린 T. 맥아더 재단의 재정적인 지원에 감사드린다.

많은 논픽션 작가들처럼, 나도 자신의 삶에 대해 허위로 글을 쓴 사람들이 끼친 자서전적인 글의 신뢰성 피해에 대해 염려스러웠다. 크노프 출판사의 편집자에게 《언제나 새로웠어요(Nothing was the same)》에 쓴 글과 관련된 광범위한 자료를 제출했다. 그 자료에는 이 책에 인용된 리처드가 나에게 보낸 편지와 내가 리처드에게 보낸 편지의 사본, 이 책에서 설명된 사건과 관련된 동시대 인물에 대한 설명자료, 잡지와 편지의 발췌문, 동료, 친구, 대중에게서 받은 문서, 공문서 사본, 이 책에 인용한 리처드의 강연과 글의 사본이 포함된다. 사생활을 존중하기 위하여 리처드의 전 부인과 아이들에 대해서는 쓰지 않았다.

크노프의 편집자 캐럴 제인웨이는 가까운 친구이자 훌륭한 편집자였다. 그리고 리처드의 좋은 친구이기도 했다. 크노프의 데이비 드니와 교열 담당자 시빌레 카제로이드의 도움에도 감사한다.

우리 어머니 델 재미슨은 내가 이 책을 완성하기 전에 돌아가셨다. 인생에서 가장 중요한 것은 손에 쥐고 있는 카드가 아니라 그 카드를 어떻게 다루는 것이라고 어머니는 믿고 계셨다. 지금까지 어머니는 내가 지니고 다룬 최고의 카드였다.

작가 소개

케이 레드필드 재미슨(KAY REDFIELD JAMISON)은 존스 홉킨스 의대 정신과 교수이며 존스 홉킨스 기분장애 센터의 공동 소장이자 전국 우울증 센터 네트워크 이사회 이사이다. 또한 스코틀랜드 세인트 앤드류스대학 영어과 명예교수이기도 하다. 베스트셀러가 된 《*조울병 나는 이렇게 극복했다 An Unquiet Mind*》와 《*자살의 이해 Night Falls Fast*》, 그리고《*천재들의 광기 : 예술적 영감과 조울병 Touched with Fire*》, 《*열광 Exuberance*》의 작가이다. 그리고 양극성장애에 대한 표준 의학 교과서인 《*조울병: 양극성장애와 재발성 우울증 Manic-Depressive Illness: Bipolar Disorders and Recurrent Depression*》의 공동 집필자이자 기분장애, 창의성, 정신약리학에 대한 과학 논문 백여 편을 단독 또는 공동 집필했다. 재미슨 박사는 국내외의 수많은 과학상을 수상했으며 존 D. & 캐서린 T. 맥아더 재단의 일원이기도 하다.

부록 : 미국정신의학회의 기분장애, 정동장애(조울병) 진단기준

주요 우울증 삽화의 진단 기준

A. 다음 증상 가운데 5개 (또는 그 이상) 증상이 연속 2주기간 동안 지속되며, 이러한 상태가 이전 기능으로부터의 변화를 나타내는 경우; 위의 증상 가운데 적어도 하나는 (1) 우울 기분이거나, (2) 흥미나 즐거움의 상실이어야 한다.

주의 : 명백한 일반적인 의학적 상태나 기분과 조화되지 않는 망상이나 환각으로 인한 증상이 포함되지 않는다.

(1) 하루의 대부분, 그리고 거의 매일 지속되는 우울한 기분이 주관적인 보고(슬프거나 공허하다고 느낀다)나 객관적인 관찰(울 것처럼 보인다)에서 드러난다.

주의 : 소아와 청소년의 경우는 과민한 기분으로 나타나기도 한다.

(2) 모든 또는 거의 모든 일상 활동에 대한 흥미나 즐거움이 하루의 대부분 또는 거의 매일같이 뚜렷하게 저하되어 있을 경우 (주관적인 설명이나 타인에 의한 관찰에서 드러난다).

(3) 체중 조절을 하고 있지 않은 상태(예: 1개월 동안 체중 5% 이상의 변화)에서 의미있는 체중 감소나 체중 증가, 거의 매일 나타나는 식욕 감소나 증가가 있을 때

주의 : 소아의 경우 체중 증가가 기대치에 미달되는 경우 주의할 것.

(4) 거의 매일 나타나는 불면이나 과다 수면

(5) 거의 매일 나타나는 정신 운동성 초조나 지체(주관적인 좌불안석 또는 처진 느낌이 타인에 의해서도 관찰 가능하다).

(6) 거의 매일의 피로나 활력 상실.

(7) 거의 매일 무가치감 또는 과도하거나 부적절한 죄책감을 느낌(망상적일 수도 있는)(단순히 병이 있다는 데 대한 자책이나 죄책감이 아님).

(8) 거의 매일 나타나는 사고력이나 집중력의 감소, 또는 우유부단함(주관적인 호소나 관찰에서).

(9) 반복되는 죽음에 대한 생각(단지 죽음에 대한 두려움 뿐만 아니라), 특정한 계획 없이 반복되는 자살 생각 또는 자살 기도나 자살 수행에 대한 특정 계획.

조증 삽화 진단기준

주요 우울증 삽화의 진단 기준

A. 비정상적으로 의기양양하거나, 과대하거나 과민한 기분이 적어도 1주간 (만약 입원이 필요하다면 기간과 상관 없이) 지속되는 분명한 기간이 있다.

B. 기분 상해의 기간 도중 다음 증상 가운데 3가지 (또는 그 이상)가 지속되며 (기분이 과민한 상태라면 4가지), 심각한 정도로 나타난다.

(1) 팽창된 자존심 또는 심하게 과장된 자신감

(2) 수면에 대한 욕구 감소(예: 단 3시간의 수면으로도 충분하다고 느낌)

(3) 평소보다 말이 많아지거나 계속 말을 하게 됨

(4) 사고의 비약 또는 사고가 연달아 일어나는 주관적인 경험

(5) 주의 산만(예: 중요하지 않거나 관계 없는 외적 자극에 너무 쉽게 주의가 이끌림)

(6) 목표 지향적 활동의 증가(직장이나 학교에서의 사회적 또는 성적인 활동) 또는 정신 운동성 초조

(7) 고통스런 결과를 초래할 쾌락적인 활동에 지나치게 몰두(예: 흥청망청 물건사기, 무분별한 성행위, 어리석은 사업 투자)

인용. 미국정신의학회 정신장애의 진단 및 통계 편람. 제4판, 서울, 하나의학사

역자 약력

■ 박민철 교수

1950년 전남 광주 출생
1975년 전남의대 졸업
1980년 전남대학병원 전공의 수료, 신경정신과 전문의
1984년 원광대학교 의과대학 신경정신과학 교실 개설
1986년 전남대학교 대학원, 의학박사
1989년 영국 런던대학 정신치료 및 정신분석 연수
1989년 미국 웨인대학 기분장애 클리닉 방문교수
1991년 원광의대 부속 제2병원장
2002년 원광대학교 보건환경대학원장 겸 의과대학장
2006년 대한정신약물학회 회장
2007년 한국정신분석학회 회장
2010년 대한 우울조울병학회 회장
현재 원광대학교 의과대학 신경정신과 교수
전라북도 정신보건사업지원단 단장

역서 간추린 집단정신치료(하나의학사, 1990)
지지 정신치료(하나의학사, 1997)
조울병 나는 이렇게 극복했다(하나의학사, 2000)
자살의 이해(하나의학사, 2011)

저서 신경정신과학(하나의학사, 1997, 공저)
의료행동과학(중앙문화사, 2004, 공저)
의료윤리학(하나의학사, 2001, 공저)
의사소통과 면담(하나의학사, 2005, 공저)

– 한 조울병 환자의 자서전, 남편을 그리면서 –

언제나 새로웠어요

초판인쇄일	2011년 12월 1일
초판발행일	2011년 12월 10일
저 자	Kay Redfield Jamison
옮 긴 이	박 민 철
펴 낸 이	오 무 근
펴 낸 곳	도서출판 **하나의학사**
주 소	서울시 종로구 홍파동 13-4 한솔빌딩 1층
출판등록	제300-2011-21호(1988. 4. 1)
전 화	(02)730-2555, 2556
팩 스	(02)730-2557
이 메 일	hanampc@yahoo.co.kr

정가 15,000원

◆저자와의 합의로 인지 생략

◆잘못된 책은 구입처에서 교환하여 드립니다.

ISBN 978-89-92141-80-2 03180